# 营销式招聘

王占坡 王庭圣 孙 晨
- 著 -

天 地 出 版 社 | TIANDI PRESS

**推荐序**
Recommendation

## 人力资源管理：思维突破才是创新之源

在当下新技术革命和知识经济的大变革、大动荡时代，中国企业人力资源管理正面临来自万物互联、共享经济、新技术革命、人工智能、人口结构变化、组织变革加速等内外力量的挑战和冲击，尤其是在我国推进新型工业化进程中又面临着智能化的挑战。因此，我国的人力资源管理工作既具有工业文明时代的深刻烙印，又要反映经济新时代的基本要求。互联网推动着技术的革新和商业模式的变化，甚至给产业带来颠覆性的变化。在数字化与人工智能化这一波发展浪潮中，中国企业要力争不输在起跑线上，与欧美企业同步甚至是引领发展。在这样一个全新时代，人力资源管理需要有哪些新思维，将会遇到什么新问题？我们应当如何通过人力资本创新驱动来实现中国企业的转型升级？要解决这些困惑，我们就要从人力资源管理发展的三条路径中寻找答案。

### I. 人力资本价值管理

人力资源管理经过人事行政管理阶段、人力资源专业职能管理阶段、战略人力资源管理阶段，现在正迈入人力资本价值管理阶段，进入人力资本价值管理时代。在人力资本价值管理时代，人力资源管理的核心目标是关注人的价值创造，使每个员工更有价值地工作，从而实现人力资本价值的增值。从机制上讲，企业要建立共创、共享、共治机制，让人力资本和货币资本共同创造价值、共享剩余价值、共同治理企业。从管理技术上看，信息的对称与互联互通使人力资本的价值衡量与人力资本价值计量管理成为可能。比如，利用会计核算体系计量团队与个人的价值贡献，利用业务结果衡量人力资源的价值。

### 2. 人力资源效能管理

与人力资本价值管理时代相适应的是，人力资源效能管理成为人力资源管理的核心任务。没有人力资源效能的提升，就难以化解劳动力成本持续上升的压力，难以从低劳动力优势转化为人力资本优势。人力资源效能管理包含效率、效益和价值增值等内容，具体包括：量化人力资源价值创造，驱动员工自主经营与自主管理；建立标准职位与胜任力管理系统，实现职位管理与能力管理系统的动态配置；对碎片化时间进行有效集成管理，挖掘其人力资源价值；建立全面认可激励体系，激发员工价值创造潜能；构建基于信息化的知识共享与协同系统，放大人力资源效能；构建人力资源效能对标管理体系，加速人力资源效能提升；建立人力资源效能评价指标体系，提升人力资源效能管理绩效等措施。

### 3. 数据化人力资源管理

互联网使得人力资源管理基于数据，并用数据说话的决策方式成为可能，使人力资本价值计量管理成为提升人力资源效能管理的有效途径。数据化人力资源管理体现在：大数据为人力资源管理提供前瞻性的分析，可对人力资源的动态变化、未来趋势进行预测；大数据为人力资源的决策与计量管理提供充分的基础数据支撑；基于大数据，建立人力资源共享平台、进行人力资源职能优化、进行产品和服务的设计与交付。

在新的商业环境下，人力资源管理要推动企业的战略落地和业务发展，成为企业业务发展的内在驱动力。在业务驱动导向下，人力资源管理部门的职能需要重构。现在，许多世界级企业普遍应用的是人力资源管理三支柱模型，即把人力资源部门分为专家中心（COE）、人力资源业务合作伙伴（HRBP）和人力资源共享服务中心（HRSSC）。

基于人力资源管理三支柱模型，人力资源管理的三大职责更为清晰：一是负责人力资源产品研发设计，人力资源专家根据战略和业务发展需要，依据员工需求，进行人力资源产品与服务的设计以及人力资源解决方案设计；二是与各部门进行沟通，协调与维护员工关系，把人才管理流程和业务管理流程融为一体，把专家中心设计出来的产品和服务交付给业务部门，并推动其实施；三是建立共享服务中心，集中处理常规的人力资源事务性工作，如薪酬、福利、保险等，提高效率，进一步释放出人力资源的专业能量，去支撑业务发展。

未来已来，如何快速适应新环境，如何培养迎接新挑战的思维和能力是人力资源管理者当下重要的课题。

我与王占坡先生相识于中国人力资源开发研究会年会论坛，当时我们就企业招聘难这一问题进行了交流。王占坡先生提出的营销式招聘理念令人耳目一新，是理论的融合、突破和创新。营销式招聘从营销角度切入，把营销的思维、方法融入人力资源专业理论，重构企业招聘流程，系统破解企业招聘工作瓶颈。作为实战型管理咨询顾问，他一直在人力资源、市场营销领域跨界交互研究，最终形成独立学科——人力资源营销学，并成功将其应用于多个行业龙头企业的销售和人力资源项目。营销式招聘是人力资源营销学在企业招聘管理模块的研究应用成果，是人力资源管理三支柱模型在实践层面的重要探索，不仅解决了理念认知层面的问题，还从实操层面提供了系统的工具和方法。《营销式招聘》一书含有翔实的案例解析和可落地的实操方法，不仅能让人力资源管理从业者了解"天气"，还能让大家接上"地气"。

祝贺《营销式招聘》一书的出版发行，同时希望王占坡教授带领人力资源营销学应用研究团队将人力资源管理其他模块的研究成果奉献给社会，给企业的人力资源工作带来帮助。

彭剑锋

（中国人民大学教授、博士生导师，知名管理咨询专家，北京华夏基石企业管理咨询有限公司董事长）

# 前言
Preface

## 企业人力资源管理的蝶变

十年磨一剑。人力资源营销学招聘模块应用成果《营销式招聘》一书终于出版面世。从迸发出书的念头到今天书的问世，其间诸多曲折和变故历历在目，个中滋味，难以言表。我一页一页地翻阅样稿，伴着沙沙的纸张摩挲声，不时有油墨清香扑鼻而来。我如初为人父，抱起宝宝的那一刻，充盈着欣喜、激动、幸福感和责任感。

我参加工作二十余载，从人力资源专员到人力资源总监，从人力资源管理到企业市场营销管理，从集团公司CEO（首席执行官）到大学特聘教授，从特聘教授到专职企业管理咨询顾问……无论工作如何变动，无论工作中有几多思考，有一个问题始终萦绕心头：企业人力资源管理何时不再曲高和寡，人力资源管理要如何操作才能被其他部门欣然接受、由衷认同？

在企业做人力资源管理，实属不易。自20世纪90年代末，社会各界对企业人力资源管理的非议不断，对其价值的评判逐渐从幕后走到台前，从"犹抱琵琶半遮面"到直面相向，人力资源管理遭遇到前所未有的信任危机。

1996年，托马斯·斯图沃特（Thomas Stewart）发表了专栏文章《炸掉你的人力资源部》；2005年，基思·哈蒙兹（Keith Hammonds）撰文《我们为何憎恨HR》。如果说这两位老前辈表达的仅仅是恨铁不成钢的警示之言，那么2014年拉姆·查兰（Ram Charan）在《分拆人力资源部》这篇文章中的呼吁就不仅仅是警示了。当年，华为对人力资源管理部门的改革调整、小米手机"去KPI（关键绩效指标）"管理模式的推行及业界精英群体的出现，让人力资源管理者充满了危机感。

互联网和移动互联网技术日新月异的发展，人工智能技术飞速普及与应用，不仅颠覆了传统行业的经营管理模式，也颠覆了企业中每个人的思维模式。作为整合人力资源的实施者，人力资源管理者应如何立足当下、关注未来，转变思维，开展人力资源管理工作？

企业人力资源管理者必须转型蜕变，但突破口在哪里？

孟子曰："爱人不亲，反其仁；治人不治，反其智；礼人不答，反其敬。行有不得者皆反求诸己，其身正而天下归之。"无论是"炸掉人力资源部""分拆人力资源部"，还是小米的"去KPI"，再或者企业各职能部门对人力资源管理价值的评价，人力资源管理者都应该冷静、客观地面对，并且要反躬自省。管理工作做不好，人力资源管理者就要去反问自己的管理方式是否有问题。这就如同产品销售，如果不能成交，那么销售人员只能更多地关注消费者，关注客户需求，为满足客户需求进行自我调整，而不是一味抱怨客户不识货。毕竟，成交才是硬道理。

人生有三重境界，企业人力资源管理者的成长也有三重境界。这三重境界可以用一句充满禅机的话来说明：看山是山，看水是水；看山不是山，看水不是水；看山还是山，看水还是水。

第一重境界，看山是山，看水是水。说的是人们只能看到事物的表象，即山山水水、世间万象。企业人力资源管理者只有夯实自己的基础专业知识，才能步入人力资源管理第一重境界的阶梯。

第二重境界，看山不是山，看水不是水。说的是人们随着不断成长，浮躁的心逐渐静下来，开始思考事物的内在差别和联系。将基础知识夯实之后，人力资源管理者就需要对企业中的其他业务板块，比如生产管理系统（生产、采购、技术、质检等）、市场营销管理系统（市场推广、客户拓展、客户服务、经销商渠道开发管控等）、财务管理系统等进行全面了解，进而对企业的业务运作模式和行业格局了然于胸，这样才能切实感受到之前的规章制度、方案措施的局限性，深刻理解并体会到，仅仅掌握人力资源管理专业知识的从业者实乃敝帚自珍的门外汉，视野有多狭窄。这是人力资源管理的第二重境界。

第三重境界，看山还是山，看水还是水。说的是修为达到一定境界后，人们开始认识到宇宙万物的本质和规律，认识到万物的本质（从微观角度讲，万物是由相同的最基本物质组成）是相同的。经过第二重境界的修炼，人力资源管理者掌握了企业的业务运作模式和行业格局的清晰脉络，掌握了企业运营系统的相关知识，此时再把人力资源管理的知识与生产、销售、财务等运营系统进行对接融合，结合企业运营现状、未来发展趋势，去关注服务对象的需求点，对企业人力资源进行盘点规划开发、组织架构重组、薪酬绩效设计、组织流程优化，从而让人力资源管理真正为企业的经营服务，为企业的战略决策服务，真正将人力资源管理部打造成其他部门的战略合作伙伴，让人力资源管理直接支撑企业经营目标的达成。

很多人都没有理性地考虑各项工作应该输出什么样的成果，也没有关注服务对象的特点和需求，而是沉浸在专业里，把专业本身当成目的，试图让自己变得更加"专业"，以此证明自己的价值。如果把人力资源管理的三重境界看作三层楼，那么，遗憾的是，大多数人力资源管理者仅仅停留在一楼，在一楼的各个房间里穿梭，乐此不疲，感觉自己能力超强，殊不知自己一直停留在一楼，从未登上过二楼、三楼，甚至不知道它们的存在。

如今，我们每个人都生活在营销的环境里，人生就是一场"营销"的过程：大而言之，我们已经置身于大营销时代的网络内，我们的生活、工作、家庭、事业都需要运用营销思维重新建构；小而言之，人力资源（包括服务企业中的每一个人及其能力、人力资源管理制度方案等成果）也是商品，作为人力资源营销的总策划及执行者，人力资源管理者必须运用营销思维重新建构自己的知识体系、工作方法及推广模式，以利他之心关注客户需求、满足客户需求、取得客户信任，让客户欣然接受并认可企业人力资源管理的价值——成功营销人力资源。这就是人力资源营销学的价值所在。

在实际工作中，我们时常有很多困惑，究其原因，就是"不识庐山真面目，只缘身在此山中"。身在庐山之中，视野为庐山的峰峦所局限，我们看到的只是庐山的一峰一岭、一丘一壑，必然带有片面性。游山所见如此，观察世间万物也常如此。由于所处的地位不同，看问题的出发点不同，人们对客观事物的认识难免有一定的片面性。要想认识事物的真相与全貌，我们必须跳出狭小的范围。

道家常说，"跳出三界外，不在五行中"。用人力资源思维解决人力资源问题，时常无解。当你置身于矛盾之中无法解脱时，你应该跳出来，冷静地置身于事物外部观察，求得全面、客观的认知，从各个方面重新看待问题，厘清头绪，找出症结，而不要一味地纠缠其中，以固有的思维方式去思考问题，这样就会得到一些新的思路。

在人力资源营销学理论体系成型以及《营销式招聘》成书过程中，我吸取了彼得·德鲁克先生、菲利普·科特勒先生、杰克·特劳特先生、戴维·尤里奇先生、拉姆·查兰先生等前辈的研究成果。他们犹如明灯，引领着我的研究方向。中国人民大学教授彭剑锋、山东大学教授张玉明、日本产业训练协会（中国）副会长廖衍明先生、美国PDP[①]国际认证授权师许植先生给了我很多学术上的指导，他们亦师亦友的关怀和帮助，让我一路坚持走下来。东莞得利钟表有限公司董事长梁伟浩先生、总经理刘仁先生，华夏良子集团董事长史蕾女士，爱的礼物（山东）董事长张洮先生、总监黄妍女士，青岛凯合得工贸有限公司董事长李常娥女士、总经理刘艳丽女士等给予了我充分的信任和支持，让人力资源营销学能够在企业经营管理实操层面落地生根，结出累累硕果。人力资源营销学课题研发团队成员付出了艰辛的劳动，以严谨的作风、忘我的精神，精心培育着每一朵希望之花。在成书期间，我通过网络参考与借鉴了很多良师益友的经验结晶，在此一并感谢。感谢天地出版社的老师们，正是你们付出了很多心血，本书才得以顺利出版面世。

王占坡
（2023年3月于泉城济南）

---

[①] PDP：行为特质动态衡量系统，全称Professional Dyna-Metric Programs。这是一种性格测评工具。

# 目录
Contents

## 第一章
### 让招聘装上营销的大脑 - 001

第一节　打破招聘瓶颈，需要厘清六个核心难题 - 003

第二节　高效招聘，必须重视四个节点 - 005

第三节　用营销流程优化招聘流程，提升招聘业绩 - 012

## 第二章
### 做招聘需要你换个方向看问题 - 019

第一节　用户思维：你的候选人值得你去换位思考 - 021

第二节　招聘心法：快、稳、准地建立信任 - 024

第三节　交互工作法：成功的招聘得益于企业的精心设计 - 029

## 第三章

### 精准预测：各个岗位的招聘需求 - 037

第一节　活用七项数据，撬动招聘势能 - 039

第二节　倒推工作法：高效稳妥的招聘需求分解法 - 044

第三节　人效增值配额法：常规性用人需求分解的必备利器 - 049

## 第四章

### 招聘杠杆：如何以低成本获得更多人才 - 057

第一节　招聘目的地：不是池塘没有鱼，是你选的池塘不对 - 059

第二节　招聘下对网：选对池塘猛撒网 - 065

第三节　品牌故事：招聘，要讲好公司的小故事 - 069

## 第五章

### 走心招聘：用户画像成就走心招聘文案 - 079

第一节　身份聚焦：伯乐比驯马师更有价值 - 081

第二节　好的招聘文案可以彰显公司的品牌 - 086

第三节　产品思维：做招聘如同打造爆品 - 092

第四节　成交思维：掌握求职者的成交决策逻辑 - 095

第五节　文案四法：只需四步，就能写出走心的招聘文案 - 099

附　录 - 107

## 第六章

### 做好漏斗：用 ECT 工作法精准筛选简历 - 111

第一节　简历筛查：排除具有隐患风险的地雷式求职者 - 113

第二节　数据驱动：量化数据，改善招聘效率 - 116

第三节　成交跟踪：提升面试到场率，促成与"优质客户"的成交 - 122

第四节　面试通知话术：招聘，终究看的是量与转化率 - 125

## 第七章

### 慧眼辨真才：高效的面试甄选技巧 - 129

第一节　面试准备三件套：招聘无小事，成必作于细 - 131

第二节　面试环境点—线—面设计：从系统上解决招聘问题 - 137

第三节　六维度分析法：判断求职者匹配度及稳定性的利器 - 142

附　录 - 155

## 第八章

### 薪酬谈判：定价策略的落地实践 - 183

第一节　双赢思维：正和博弈，实现双赢 - 185

第二节　薪酬谈判：掌握薪酬切割定薪法，实现共赢 - 187

第三节　动态定薪：根据实际情况进行动态调整 - 194

第四节　谈判步骤：如何谈才能不崩盘 - 197

## 第九章

### 提高转正率：只有留住新人，招聘才有意义 - 203

第一节　招聘忌讳：只管开发，不管满意度 - 205

第二节　精准辩证：新员工的心理发展阶段及离职的三大诱因 - 208

第三节　转正率：四大举措，提升转正率 - 215

附　录 - 223

## 第十章

### 招聘替补席：人才的动态管理 - 229

第一节　人才信息库：当下人才决定你能飞多高，未来人才决定你能飞多远 - 231

第二节　建立人才信息库，以备不时之需 - 235

第三节　盘活企业人才信息库，对人才信息库进行动态管理 - 239

第四节　离职员工管理：买卖与人情可兼得 - 241

第五节　打造人才超级替补席：招聘，远没有你想象中那么难 - 245

附　录 - 249

### 参考文献 - 253

第一章

## 让招聘装上营销的大脑

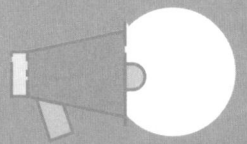

在工作和生活中，人力资源管理者只要聚在一起，就不忘吐槽："招聘难！"很多招聘人员说："我们和招聘前辈在一起聊天，听他们讲完当年他们做招聘的情形，再对比今天的情形，那简直是令人羡慕嫉妒恨。当初他们做招聘的时候，有人口红利，招聘没有任何压力。招聘人员在一定程度上掌握着新员工的'生死'大权，招聘工作是令人羡慕的美差。如今招聘工作成了烫手的山芋，当初的'美差'变成了'霉差'。"企业现在对招聘关注的程度，已经堪比薪酬绩效了。

某些企业，尤其是中小民营企业，始终都无法破解招聘难题。很多招聘人员都很困惑：如何做招聘，才能更快速、更顺利地招到符合企业用人标准的员工呢？

## 第一节
## 打破招聘瓶颈，需要厘清六个核心难题

招聘真的难，但我们如果掌握一些方法，就可以使招聘变得不那么难。难与不难之间只隔着这本书的距离。营销式招聘，让天下没有难做的招聘。

什么是营销式招聘？在操作上，营销式招聘与传统招聘有什么不同？

作为招聘人员，我们经常去人力资源市场。既然是市场，那么商品就是最核心的要素。所谓人力资源市场，就是把人力资源当成商品来交易的市场。既然是商品，就要用来交易；既然要交易，就得去做营销。那么，营销式招聘究竟是什么意思？

营销式招聘，从短语结构上来看，它是一个具有偏正关系的短语，中心词是"招聘"，修饰词是"营销式"。我们不难领会，营销式招聘就是用营销的方式做招聘，像做营销一样做招聘。具体来讲，营销式招聘以市场营销的思维、流程、工具和方法为框架，将市场营销和招聘管理两个领域的专业知识有机结合，融合了心理学、用户思维、自媒体营销技巧、定位理论、价值营销、成交规划、招聘与配置、面试与甄选、服务营销等专业知识，是一种具有创新性的高效招聘管理模式。

作为一种全新的招聘管理模式，它能解决招聘中的哪些具体问

题呢？

招聘中存在的问题，我们不能笼统地用"招聘难"三个字来概括。我们只有先厘清招聘工作中存在的具体问题，才能有的放矢地去解决问题。

具体来说，当前企业招聘工作存在六个核心难题。

第一，无论是现场招聘还是网络招聘，即便招聘人员使出浑身解数，简历投递量也不会增多。

第二，好不容易收集到一些简历，发出面试通知，但面试到场率很低。

第三，通过初试、复试，好不容易筛选到符合标准的求职者，给他们发了录取通知，很多人却说不来了。也就是，求职者到岗率比较低。

第四，新员工入职后，因为种种原因，在试用期和用人部门的磨合中出现了问题，彼此难以适应。也就是，新人转正率比较低。

第五，经历了九九八十一难，招聘人员终于把员工招了进来，用人部门却总是抱怨招到的人质量不高，选的人不对，人岗不匹配。

第六，前面五个难题造成了招聘的第六个难题——招聘成本居高不下。

这就是当前招聘工作面临的六个核心难题。

## 第二节
## 高效招聘，必须重视四个节点

了解了招聘工作的六个核心难题后，我们继续思考第二个问题：造成这六个核心难题的原因是什么？

关于企业招聘难的具体原因，大多数招聘人员能够找到两方面：

第一，经济环境发生了变化，世界经济发展低迷，不稳定性不确定性增加，企业经营难度更大，资金压力很大。与此同时，企业人工成本骤然加剧，人口红利不复存在。这是造成招聘难的客观现实。

第二，求职主体，也就是"人"变了。00后已经步入社会，相对80后、90后，他们的个性更加鲜明，无论是价值观、就业观、择业观，还是工作方式、生活方式都发生了很大变化。

除了这两方面原因，其实还有第三方面原因——自己的原因。然而，很多招聘人员都没有意识到。

孟子说："行有不得者皆反求诸己。"当招聘工作没有达到想要的结果时，我们不要一味地把责任归结为外部客观原因，而要内省，想办法调整优化自己的工作方法。

很多人说，自己看了很多书，掌握了很多理论方法，比如招聘与甄选流程，或是行为面试法（STAR面试法）、结构化面试、文件筐、无领导小组等面试方法，但是招聘压力丝毫未减，依然改善不了招聘难的现状。具备了专业理论知识，我们为何依然"重复昨天的故事"？

想解开这个困惑，我们不妨先看一个故事——

有一次，爱因斯坦在课堂上对学生说，有两个人从又黑又脏的烟囱里爬出来，一个人脸上很脏，另一个人脸上很干净。爱因斯坦问他的学生："这两个人，谁先去洗脸？"

学生们纷纷举手回答。其中一个学生说："老师，肯定是脸上干净的人先去洗脸。"

爱因斯坦问："为什么脸上干净的先去洗？"

这个学生回答："脸上干净的那个人看到对方的脸是脏的，就会认为自己的脸也是脏的；脸上脏的那个人看到对方的脸是干净的，就会认为自己的脸也是干净的。所以，脸上干净的人先去洗脸。"

另一个学生觉得不对，认为一定是脸上脏的人先去洗脸。爱因斯坦问为什么，他站起来回答说："脸上脏的那个人，他的脸上本来就脏，肯定要先洗脸啊！"

听完他们的回答，爱因斯坦语重心长地说："你们的回答全错了。两个人从又黑又脏的烟囱里爬出来，怎么可能一个是脏的，另一个是干净的呢？"

从一个错误的假设前提出发，推导出来的任何结论都是错误的。我们学习任何体系、任何工具与方法，在工作中做出的任何决策、制定的任何方案，都基于一定的假设前提。如果不具备这个假设前提，那么实施的结果就会与我们当初的设想相背离。

我们再回到刚才那个困惑。很多招聘人员学习了很多专业理论知识，这些理论知识本身没有任何问题，但它们在实施过程中有一个共同的假设前提——求职者有极高的简历投递率、面试到场率，用市场营销术语来讲就是引流不存在问题。在求职者有极高的简历投递率、面试到场率的前提下，只要解决了专业问题、具备招聘甄选的专业素养，招聘人员就能选出合适的人才，就能顺利完成招聘工作。

但是，现实发生了翻天覆地的变化，以前掌握的专业理论知识实施的前提不复存在。此时如果招聘人员还是按照以往的工作思路开展招聘工作，那就如同刻舟求剑。招聘效果不好、招聘压力不减，也就不难理解。如果简历投递率和面试到场率无法保证，纵然掌握再多专业知识，我们也只能感叹"英雄无用武之地"。

近些年，很多人都推崇华为的军队文化、狼性文化，有些企业在效仿，但学来学去都很难成为第二个华为，因为他们只看到了华为推行的军队文化、狼性文化，却没有看到华为推行这些企业文化背后的假设前提。还有很多人羡慕餐饮界知名品牌海底捞的服务，羡慕海底捞员工的敬业精神和主人翁精神，于是纷纷效仿海底捞，试图打造标准化的服务体系，但最终结果是"海底捞你学不会"，因为他们只看到了标杆企业推行制度的表象，而没有看到背后的假设前提。

电影《后会无期》里有这么一句台词："从小听了很多大道理，可依旧过不好我的生活。"我们修改一下这句台词，就能很形象地诠释很

> 从小听了很多大道理，可依旧过不好我的生活。
> ——电影《后会无期》台词

多招聘人员的状态：学习了很多招聘的专业理论知识，可依旧做不好招聘工作。

包括人力资源管理者在内的所有管理者目前都处于一个管理丛林中，接触的理论知识一个接一个。我们学习了OKR[①]，感觉OKR不错，就想推行；学习了阿米巴[②]，感觉阿米巴很好，也想导入；学习了股权激励，就想搞一下全员持股。如果不具备辨识实施这些理论的假设前提的能力，贸然在工作中实施这些理论，我们就无法真正解决想要解决的问题，甚至还会造成更多负面影响。

人力资源是商品，是商品就得用来交易，要交易就必须做营销。因此，企业招聘工作的本质和要求就是"高效卖职位，精准选人才"，这就要求我们从已有的专业思维里跳出来，用营销的思维来开展招聘工作。

可能有些人会担心：我是学人力资源的，一直从事的也是人力资源管理工作，从来没有学习过市场营销，也没有做过营销工作，我能把专业思维转变为营销思维吗？或者说，我怎样才能快速、顺利地把专业思维转变为营销思维呢？

要想把专业思维转变为营销思维，其实你不用学习高深复杂、晦涩难懂的市场营销知识，只需掌握简洁的思维框架和知识点就可以。转变的关键在于先了解、掌握一些思维框架，然后不断去强化应用，慢慢形成习惯，就具备了营销思维。在这个转变过程中，你需要掌握两个核心

---

① OKR：全称为 Objectives and Key Results，即目标与关键成果法。这是一套明确目标、跟踪其完成情况的管理工具和方法，由英特尔公司前董事长及 CEO（首席执行官）安迪·格鲁夫（Andrew Grove）提出。

② 阿米巴：Amoeba，即阿米巴经营模式，这是一种通过全员参与，提升组织效能的经营管理方式。简单来说，就是根据企业不同的产品、工序、客户或地区等条件，将其划分成多个自主经营的阿米巴小团队，以各个阿米巴的领导为核心，让其自行制订计划，并依靠全体成员的智慧和努力来完成目标。

知识点：一是营销成交闭环流程，二是营销成交公式。

营销成交闭环流程指的是成交过程中关键的四个节点。这四个节点是引流、激发、成交和追销。

### 1. 引流

引流指找到目标客户，并把目标客户吸引过来。引流主要解决的问题是：客户是谁、客户在哪里、客户的需求和关注点是什么。

### 2. 激发

激发指聚焦客户的需求和关注点，总结企业的优势（即产品卖点），充分展示企业能够提供的资源，让客户感知并相信你能够满足其需求，进而做出购买行为，即通过客户体验，让客户相信你符合他的选择标准。

### 3. 成交

成交指通过商务谈判实现双赢，最终达成合作共识。

### 4. 追销

追销指通过规范的服务体系增强客户黏性，增强客户的满意度和忠诚度，以形成持续合作及转介绍。

这就是营销成交闭环流程，适用于任何行业、任何产品、任何营销模式。企业招聘既然是一种营销，也应该按照这四个节点开展工作。

营销成交公式，是基于营销成交闭环流程的四个节点提炼总结出的影响或提升销售业绩的指导法则，即：

销售业绩 = 客流量 × 转化率 × 客单价 × 消费频次 × 存活率

对于从事营销工作的业务人员，其销售业绩取决于上面五个变量的乘积。

### 1. 客流量

无论微商、电商、实体店还是其他销售渠道，都有客流量。客流量指的是向我们发出咨询、浏览我们的宣传推广资料、进店参观或实地考察的人员数量。这些人也许能和我们成交，转化为客户，也许未能成交转化。

**2. 转化率**

指客流量中最终成交转化的人数比例。

**3. 客单价**

指成交的所有客户中，平均每一个客户成交的金额。

**4. 消费频次**

也叫消费密度，指一个月、一周或一天中消费的次数。消费频次越高，销售业绩越好。在实际营销工作中，很多商家都会在这个变量上做文章。例如，益达口香糖有一句广告语："关爱牙齿，餐后嚼两粒益达。"本来你想嚼一粒，但它告诉你"关爱牙齿"要"嚼两粒"，你真的就每次嚼两粒了。此时，消费频次就变高了，购买量就变多了。

**5. 存活率**

也叫客户留存率，指有多少客户留下来，即当期成交客户中持续成交客户所占的比例。从某种程度上看，客户存活率等同于客户对品牌的忠诚度，它与客户流失率相对应，客户流失率越低，存活率就越高，客户就越稳定，销售业绩就越好。

提高五个变量中的任何一个，销售业绩都会提升。如果我们想尽办法提升每一个变量，销售业绩就会呈指数级提升。

将营销成交公式套用到招聘工作中，变成招聘成交公式，相对没那么复杂。招聘成交公式是：

招聘业绩 = 客流量 × 转化率 × 存活率

从招聘成交公式中我们可以看出，招聘业绩取决于三个变量：客流量、转化率和存活率。其中，客流量是阅读招聘信息并投递简历的人数；转化率是经过面试、甄选、录用并最终入职的人数；存活率是通过试用期并转正的人数。

这三个变量数值的大小，决定了招聘业绩的好坏。因此，想改善招聘业绩，人力资源管理者就要从客流量、转化率、存活率这三个变量切入：如何做引流，采取哪些措施提升客流量；如何设计激发和成交流程，提升转化率；采取哪些措施保障新聘员工存活率。只要我们三管齐下，招聘业绩就能够显著提升。

明确了营销成交闭环流程的四个节点和营销成交公式，接下来，我们就要开始打造营销式招聘流程和管理模式。

## 第三节
## 用营销流程优化招聘流程，提升招聘业绩

营销式招聘流程和管理模式的打造分为两个步骤：第一步，对招聘工作进行梳理，拆解出最小的流程节点，然后将最小的流程节点与营销成交闭环流程的四个节点，即引流、激发、成交、追销，一一对应，并补充完善，形成全新的招聘流程。第二步，分析一下在新的招聘流程节点中，每个流程节点的目标达成需要哪些工具与方法做支撑，包括营销的工具与方法、人力资源管理的工具与方法等，然后完善流程节点下面所需的具体工具与方法，形成一个新的招聘结构主线。这条主线把一颗颗珍珠串起来，变成一条项链。

我们先看第一个步骤，拆解招聘流程。尽管招聘人员都比较熟悉这个步骤，但是拆解出来的流程节点往往是不完整的。大多数人能拆解出五个流程节点：发布招聘信息、筛选简历、进行初试、进行复试、新人入职。拆解到这里，很多人会认为招来的员工入职了，自己的招聘工作就大功告成了。

图 1-1　常规招聘流程

其实，招聘工作到这里并没有结束。新员工如果在试用期内磨合不好，就会流失。这样，我们还得重新走一遍招聘流程：发布招聘信息、筛选简历、进行初试、进行复试、新人入职，然后又是试用期，新员工还需要磨合。因此，拆解到第五步并没有完，还有第六步——转正，签订正式劳动合同。在第六步，为了确保新员工的转正率，我们还要做一系列工作。

完成第六步，是不是就结束了？没有，还有第七步——招聘后的维护管理。这是为我们将来再次招聘提前打基础、做铺垫。如果没有这一步，将来公司有新的人员需求，我们还得重新发布信息、筛选简历、进行初试、进行复试……如果招聘后的维护管理做好了，将来再有新的用人需求，我们处理起来就非常简单了。

在营销式招聘中，我们以人才信息库的动态管理和打造人才超级替补席为两大核心手段，进行招聘后的维护管理。等到公司有新的用人需求时，我们可以直接联系人才信息库中的候选人，快速地把合适人选招聘到位。

在工作中，我们经常和猎头公司打交道。我们来思考一个问题：为什么会有猎头公司的存在？猎头公司存在的重要原因之一就是信息不对称。我们如果做好招聘后的维护管理，就可以在一定程度上发挥猎头公司的作用。

招聘流程的拆解进行到这里，我们仅仅完成了 50% 的工作，还有 50% 的工作没有做。

那么，另外 50% 的工作是什么？我先给大家讲个小故事——

有一只小白兔到河边钓鱼。第一天，它在河边钓了一天，一条鱼也没钓到，非常失望地回家了。第二天，它钓了一天，又是一无所获，又非常失望地回家了。第三天，同样如此。第四天，小白兔又来到河边，还没下钩，一条鱼就跃出水面，对着小白兔骂道："你这个混蛋！你如果再用胡萝卜做钓饵，看我不打扁你。"

这个故事给了我们很大启发：小白兔用胡萝卜做饵钓鱼，因为在它看来，胡萝卜是最好的激励；但对鱼来说，胡萝卜不是它需要的。因此，我们做招聘或做营销时要记住一句话：懂比爱更重要。

回头看我们刚刚拆解出来的第一条流程线：发布招聘信息、筛选简历、进行初试、进行复试……要想按照这条流程线顺利地推进招聘工作，离不开求职者的配合。但求职者有自己的决策逻辑，如果我们的工作流程不符合他们的决策逻辑，招聘效果势必不佳。

我们可以从求职者的角度和决策逻辑来拆解出第二条流程线：第一步，阅读招聘信息；第二步，投递简历；第三步，应邀初试；第四步，应邀复试；第五步，入职、进入试用期；第六步，转正、签订正式劳动合同。

第二条流程线与第一条流程线在第五步、第六步合为了一条线，叫双线合一，也叫双剑合璧。我们发布招聘信息后，能收到多少可供筛选的简历，取决于求职者的认知和决策逻辑。

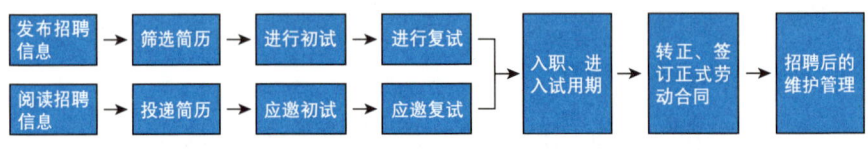

图1-2 营销式招聘流程

求职者阅读招聘信息后要投递简历，想顺利进行初试就必须应邀来面试，即招聘工作的面试到场率要高。因此，招聘工作要想顺利地往前推进，就需要这两条线的存在。没有这两条线，招聘人员想当然地唱独角戏，招聘工作的成效必然不佳。

做招聘就是做营销，营销式招聘就是招聘人员和求职者双方的交易，需要双方共同努力和配合。因此，招聘工作应该按照拆解出的两条线推进，这和营销成交闭环流程的四个节点——引流、激发、成交、追销是相对应的。

我们看一下招聘流程的两条线和营销成交闭环流程的四个节点是如何一一对应的。在招聘人员这条线上，发布招聘信息和引流、激发相对应；筛选简历、进行初试和激发相对应；进行复试和成交相对应；入职、进入试用期，转正、签订正式劳动合同，招聘后的维护管理和追销相对应。在求职者这条线上，阅读招聘信息和引流、激发相对应；投递简历、应邀初试和激发相对应；应邀复试和成交相对应；入职、进入试用期，转正、签订正式劳动合同，招聘后的维护管理和追销相对应。在实际工作中，招聘人员做的工作大多停留在前四步，入职、进入试用期，转正之后做的工作非常少。

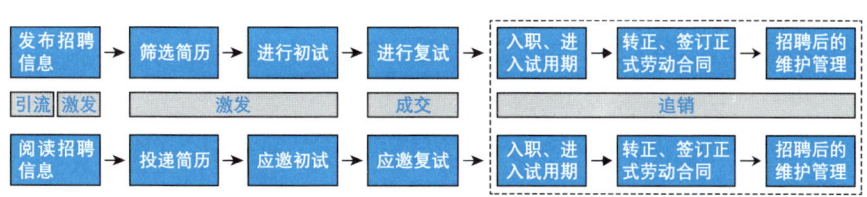

图1-3 营销式招聘流程和营销成交闭环流程的对应关系

推进营销式招聘工作需要工具与方法做支撑，这些工具与方法包括营销的工具与方法和人力资源管理的工具与方法。

在引流和激发阶段，发布招聘信息和筛选简历主要运用定位原理。首先，我们运用岗位"心电图"扫描、倒推工作法、人效增值配额法、用户画像技术等工具与方法，解决"客户是谁"的问题；其次，再运用选择"鱼塘"、招聘渠道创新、交互工作法、招聘文案设计、校园招聘会宣讲词拟写、ECT工作法[①]中的地雷式求职者排除法与人岗匹配指数计算等工具与方法，解决"客户在哪里"的问题。

在激发、成交阶段，即初试、复试环节使用的工具与方法有：预先排除公司招聘中两大"隐形杀手"的措施、面试环境点—线—面设计与布置技巧、薪酬双赢谈判技巧、薪酬切割定薪法、动态定薪、5F沟通结构（详见P198）等。此外，还要用到招聘人员比较熟悉的面试甄选的专业知识，比如面试流程、行为面试法等。

在追销阶段，即新员工入职、进入试用期、转正、签订正式劳动合同，招聘后的维护管理这个阶段，使用的工具与方法有：人才使用手册、培养联系人制度、人才信息库的动态管理、离职后员工管理、打造人才超级替补席等。

以上是招聘人员这条线对应的工具与方法。那么，求职者这条线对应的工具与方法有哪些呢？

在引流阶段，对应求职者阅读招聘信息，使用的工具与方法包括PDP、招聘文案四步成型法、故事营销等。

在激发阶段，对应求职者阅读招聘信息、投递简历、应邀初试，主要使用的工具与方法包括目标客户分析、客户关注点分析、企业口碑打造、面试通知三步法、客户成交决策逻辑等。

在成交阶段，对应求职者复试，使用的工具与方法主要包括ECT工作法中的优质客户成交法、六维度分析法等。

在追销阶段，对应新员工入职、进入试用期、转正、签订正式劳动

---

① ECT工作法：详见第六章。

第一章 让招聘装上营销的大脑

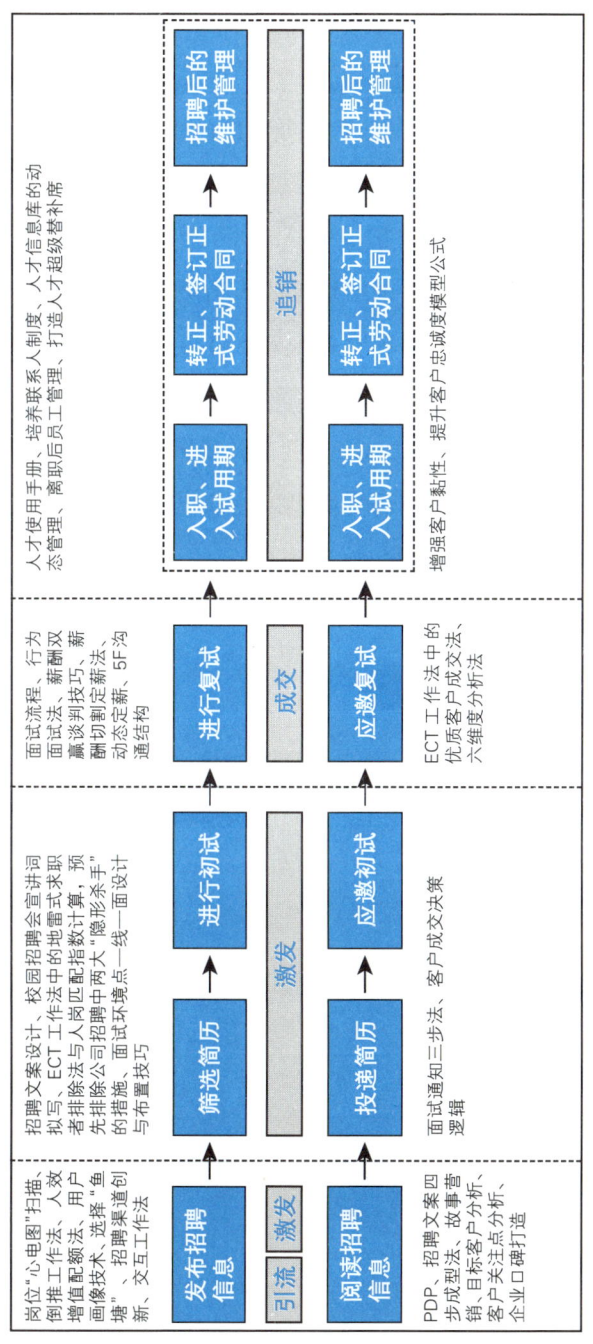

图1-4 营销式招聘流程和营销成交闭环流程及其使用的工具与方法对应图

合同，招聘后的维护管理，主要使用的工具与方法包括增强客户黏性、提升客户忠诚度模型公式等。

以上是整个营销式招聘的流程以及对应的工具与方法。

在整个营销式招聘中，人力资源管理的专业知识所占比重比较小，因此只掌握人力资源管理的专业知识，对于整个招聘的工作流程来说远远不够。我们只有把市场营销的理论和人力资源管理的专业理论融合优化为系统的营销式招聘流程和管理模式，才能达到理想的招聘效果。根据营销式招聘推行8年来的实战经验统计，使用营销式招聘，企业在招聘中，简历投递量可以提升300%，面试到场率可以达到90%，人员到岗率可以达到95%以上，人岗匹配度可以达到90%以上，转正率可以达到93%以上，招聘成本可以降低50%以上。

第二章

做招聘需要你
换个方向看问题

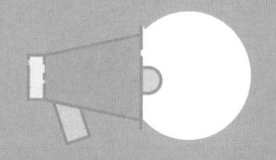

在当前招聘难的大环境下，我们只有把招聘当营销来做，才能解决招聘难的问题，才能突破制约招聘工作的瓶颈。这就要求企业人力资源管理者从专业思维里跳出来，用营销思维来开展招聘工作。从本章开始，我们逐一拆解营销式招聘理论中的各个知识点、工具与方法，进而做出一套全新的招聘工作方案，来优化招聘的各个环节，提升招聘效能。

企业在开展营销工作过程中，无论是销售策略的转变、营销政策的调整，还是营销工作流程的优化，其目的都是提升营销效能。什么是效能？简单来说，效能就是工作效率和工作目标的乘积，即：

效能 = 效率 × 目标

要提升营销效能，首先要提高销售成交的概率，其次要缩短销售成交的周期，最后要降低销售成交的成本。与之对应，招聘人员要提高招聘效能，首先要提高招聘到岗率（精准员工的招聘到岗率），其次要缩短招聘周期，最后要降低招聘成本。

## 第一节
## 用户思维：你的候选人值得你去换位思考

商场如战场，两军对垒，"凡事豫则立，不豫则废"。两军交战，要想战胜对方，讲究兵马未动，粮草先行。同样，企业在正式开展销售工作之前，必须先做好相应的宣传推广工作。比如，企业有产品要上市，或者要拓展市场，必须在行动之前把有关企业的实力、品牌、产品等相关宣传推广工作做到位。如果这些工作没有做到位，消费者就会对企业品牌或产品质量一无所知，加上看不到典型客户见证或权威背书，因此，在产品同质化严重、竞争日趋激烈的今天，即便将产品摆在有精准需求的消费者面前，消费者也很难和我们成交。

在开发客户前，营销人员必须进入一级战备状态，准备好充足的枪支弹药，以便随时出击。拜访客户前，营销人员必须把销售工具（比如资料、物料等）准备充足。在和客户洽谈时，如果客户索要的资料和物料没有提前准备好，这笔生意成交的概率就非常低。

做营销不打无准备之仗。同样，企业开展招聘工作时，为了提高招聘效能，招聘人员应该在以下两方面做好充足准备。

第一，在正式开展招聘工作前，要做好相应的宣传推广。科学、系统地策划好推广点和推广内容，然后有计划地实施。无论是发布招聘信息、参加线上线下招聘会，还是通过专业招聘网络平台搜索到符合条件的求职者，发送面试邀约，如果企业的影响力不大，求职者即便看到招聘信息，认为招聘职位与自己的求职方向相吻合，也会因为无法建立对企业的信任而拒绝投递简历，应邀参加面试就更无从谈起了。

营销工作有一个非常有意思的现象：面对精准客户，如果第一次洽谈未能成交，那么第二次再派人去洽谈，成交难度会非常大。同样，对于招聘来说，求职者第一次看到企业发布的招聘信息或收到面试邀约，如果因为没有注意到企业的吸引力而拒绝投递简历或面试，那他再次看到招聘信息或收到面试邀约时，前来应约的概率就会更低。如此一来，我们就会错失很多优秀人才。

第二，互联网时代，要充分发挥网络的作用，进行持续的宣传推广。在实际工作中，招聘人员经常存在一时心血来潮在网上发布一些消息后就搁置下来，等哪天想起来再发布消息的情况。这样，企业在互联网上的影响力就非常小。持续的宣传推广才可以充分发挥网络的作用。

招聘哪些人才、达到何种招聘效果、提升多少招聘效能，这些就是招聘的工作目标。分析研究这些目标，制定系统、细致的工作方案，然后一步步推进实施，就可以达成目标。我们想实现什么样的招聘目标，主动权在自己手中——就看我们以什么样的态度对待这件事情，怎么开展自己的工作了。要想解决招聘难题，突破招聘瓶颈，我们就要遵循"以终为始"的原则。我们要根据招聘目标和标准要求，逆向推导出每一个环节的步骤和标准，然后正向推进，踏踏实实地把工作做下去。

从前文提到的小白兔的故事中，我们可以得出一个结论：要想钓到鱼，必须学会像鱼一样思考。同样，要想顺利完成招聘工作，圆满达成招聘目标，我们必须站在求职者的角度进行换位思考，用求职者的视角和判断标准审视我们提供的招聘信息——岗位职责、任职资格、福利待遇等是否符合求职者的选择标准，能否满足求职者的需求。

每一个招聘人员曾经都是求职者，都有过求职经历。大家可以结合过往经历，回答下面这三个问题。

1. 假如你要求职，你的关注点是什么？

2. 企业对你的吸引点有哪些？

3. 假如你决定投递简历、应约面试或是决定入职，你的触动点有哪几个？

认真思考这三个问题，是开展招聘工作的切入点。

## 第二节
## 招聘心法：快、稳、准地建立信任

杰出的销售行为学大师杜南·斯巴克斯（Duane Sparks）所创立的行动销售理论风靡全球，是世界500强企业和《财富》1000强企业销售精英的至宝。行动销售理论认为，在市场营销工作中，目标客户与我们成交之前，有意识或潜意识中遵循着一个决策逻辑。这个决策逻辑涉及五种元素：人、企、物、价、时。

其中，人指销售人员，企指销售人员所在的企业，物指销售的产品或服务，价指成交价格，时指成交时机。无论人们是否意识到，在人们进行决策时，这五种元素的逻辑顺序是不会改变的。消费者只有信任销售人员，才会认可他所代表的企业；对企业认可后，才会对该企业的产品或服务感兴趣；感觉企业所提供的产品或服务对他有价值，能够满足其需求、解决其问题，才会真正考虑价格是否合理（在没有认可企业、对产品或服务不感兴趣前所进行的价格讨论都没有实质意义）。销售人员在和客户洽谈的过程中，必须使用恰当的销售话术、销售技巧和方法，只有在目标客户心中建立起高度信任，才能挖掘出目标客户的内心需求，达成共识。在销售过程中，我们要想把产品或服务成功销售出去，必须先把自己成功销售出去。目标客户只有信任"人"了，才会接受企业、接受产品或提供的服务。因此，让目标客户对销售人员及企业建立起高度的信任，是顺利成交的关键的一步。

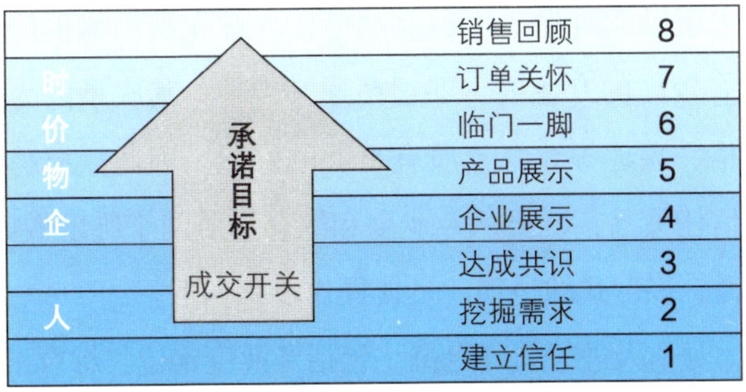

图 2-1　金牌销售五元八步成交逻辑

招聘就是一场营销，招聘人员快速在求职者心中建立信任的整体步骤是先建立个人信任，再建立企业信任。

我们先说建立个人信任。要想建立个人信任，我们就要利用好合适的媒介，比如微信朋友圈，通过它展示我们的综合信息，以此取得求职者的认可和信任。

招聘人员发现合适的人才，首先要做的是添加其为微信好友。当求职者看到招聘信息，感觉职位要求和薪酬待遇等比较符合自己的标准，但对企业不了解时，他会做出两个动作：第一，他会通过网络搜索，了解企业概况；第二，他如果加了招聘人员的微信，必定会看看招聘人员的朋友圈，以此增加对招聘人员和企业的了解。如果求职者有几家备选企业，在对这几家企业的综合印象差距不大的情况下，求职者内心倾向哪家企业，取决于他对招聘人员的认知与评价。他对谁有好感，对谁的信任度高，内心的天平就倾向于谁。

在招聘工作中，招聘人员就是求职者和企业之间的媒人，你给求职者什么印象，求职者就对你所在的企业产生相应的先入为主的认知。因此，招聘人员必须通过恰当的展示媒介（比如微信朋友圈）展示出个人综合信息，以取得求职者的认可和信任。

一个人之所以能对你产生高度的信任，首先是因为他能感知到你在该领域内具有较高的专业度，即很精通某专业；其次是因为他对你的个人修养、性格、兴趣等综合素质有足够的好感。因此，招聘人员要想与求职者建立信任关系，就要从专业度和综合素质两个维度做好精确定位，并进行多途径、多形式的呈现。具体操作步骤如下。

第一步，对个人进行精确定位（包括专业度定位、综合素质定位）。

### 1. 专业度定位

一个营销人员，无论从事什么行业、销售什么产品、推广什么服务，都要在目标客户面前树立自己的专业形象，把自己打造成行业领域的专家，或者产品应用专家。如果目标客户认为他仅仅是一个销售员，他就很难说服客户成交。从客户的角度来考虑，假如你要买一台电脑，当你面对一个对电脑软硬件非常精通的导购员，他在详细了解你使用电脑的场景和主要需求后，能结合大多和你有相同使用需求的客户的选配情况给你推荐一款性价比超高的电脑时，你就会觉得他非常专业，推荐的产品完全满足你的使用需求，能够解决你的问题，从而愉快地成交。相反，则很难成交。

那么，招聘人员要把自己打造成什么样的专家，或者要树立什么样的专业形象呢？要把自己打造成招聘专家吗？未必。但我们一定要展示出自己在人力资源管理或者企业管理领域内拥有丰富的经验、扎实的理论基础和深厚的知识储备。

### 2. 综合素质定位

在微信朋友圈充分展示你的兴趣爱好、工作状态、生活场景，以及你的世界观、人生观、价值观，让求职者感受到你的责任心和正能量。

他一旦认为你是这样的人，就会在潜意识中认为你所在的企业一定是一家具有正能量的企业，在这样的企业里工作，心情一定是愉悦的。切记，少在微信朋友圈发一些抱怨的话。

第二步，结合个人精准定位，进行多途径、多形式的呈现，让别人相信你的判断。

我们惯用的朋友圈呈现形式有纯文字、图片+文字及小视频等，它们各有优缺点。我更推荐两种集文字和图片优势于一体的呈现形式：海报式朋友圈呈现形式和连环画式朋友圈呈现形式。

海报式朋友圈呈现形式，即把图片做成"图片+文字"形式的海报。在海报式朋友圈呈现形式的基础上进行升级，就会形成具有叙事性或故事性的连环画式朋友圈呈现形式，这样可以设计"包袱"，根据故事进展分次连载。这两种朋友圈呈现形式既美观，又有较高的趣味性和吸引力。在设计海报时，你如果对Photoshop等平面设计软件不熟悉，可以用PPT（演示文稿软件）代替。

你如果不想在私人朋友圈掺杂工作信息，则可以开通工作专用微信号，再根据个人定位有计划地在朋友圈发送相关内容。此外，你可以借助聊天狗、微信助手等工具，将编辑好的内容设置为定期自动发送，这样可以大大减轻你的工作负担。

接下来，我们再谈一下如何让求职者建立对企业的信任。求职者对企业的信任度，其实就是他在求职择业时的关注点与企业所具有的优势的吻合度。我们在做招聘时，必须通过相应举措让求职者感觉到爽、值、明智且安全，这样他才会欣然选择我们所招聘的职位。要实现这个目标，我们应该从求职者对企业的关注点切入，并满足其需求。

求职者对企业的关注点一般情况下包括六个方面：第一是行业发展前景；第二是企业提供的福利待遇；第三是企业能提供的发展空间；第四是

企业的培训体系；第五是企业的硬环境；第六是企业的软环境。

具体来说，一个人在求职择业的时候，首先要看该企业所在的行业有没有广阔的发展前景，是属于朝阳行业，还是夕阳行业；其次要看所招聘的职位的福利待遇是否完善；再次要看该职位有没有广阔的发展空间；接着要看企业对该职位是否有规范的职业规划和晋升机制，以及是否有完善的培训体系和良好的学习条件，以便自己入职后能够快速胜任工作，实现角色转变，进而在该企业实现职业发展目标；最后要看企业的硬环境和软环境，硬环境是指企业的地理位置、规模、办公室环境及配套设施等，软环境则指企业文化、经营理念、价值观、管理风格等。

求职者的这六个关注点就是招聘人员做宣传推广时的重点。明确了这六个关注点之后，我们就要针对每个点设计并撰写相应的方案，列举支撑这些关注点的具体制度、执行措施、推行效果等，将它们一一拆解，再用恰当的形式呈现出来。

此时，我们要面对一个很现实的问题：明确了求职者的六个关注点，撰写了相应的方案，采用了恰当的呈现形式，求职者就会相信"王婆卖瓜——自卖自夸"的事吗？同样的内容，不同的人说出来，对于求职者来说可信度是不一样的。谁说出来最可信？这值得我们去思考。

## 第三节
## 交互工作法：成功的招聘得益于企业的精心设计

我们先来看一个案例——

周末，王先生和妻子带着14岁的女儿逛商场，他们要为女儿买一件衣服。在挑选衣服这件事上，谁是最终的拍板人，或者说谁的意见能影响最终的购买行为呢？

有人说是孩子。现在的孩子特别有主见，自己看上的非买不可，看不上的即使白送也不要。所以，买哪件衣服，由王先生14岁的女儿自己决定。

有人说是王先生。从传统意义上讲，王先生是一家之主，钱是王先生挣来的，钱和卡也都在王先生身上，买哪件衣服当然是他说了算。

还有人说是王先生的妻子。知女莫若母，王先生的妻子了解女儿的性格，知道什么款式、什么颜色的衣服和女儿相配。只要妻子点头，王先生就不会否定。

但现实情况往往出乎意料。就当时的情况来说，影响决策的关键人可能是同样来买衣服的、毫不相识的顾客。可能某位顾客不经意的一句"这姑娘穿上这件衣服真漂亮！无论颜色还是款式，和她简直太配了"，就会影响王先生一家三口的决策，最终促成这次交易。

尽管有很多人可以影响最终决策，但很多时候往往是陌生人的意见更能影响一个人的决策。当你遇到困惑、思考一个问题、处理一件事情的时候，如果你征求熟悉的人的意见，他一般会根据你的过往经历，从主观上告诉你应该怎么做。陌生人则是局外人，不了解你的过往，不会以先入为主的主观认知来提出建议，而是单纯地从事情本身的角度来表达自己的看法。这时候，你就会认为他的建议更客观、更符合一般人的认知。这涉及社会心理学所说的"过度理由效应"。

过度理由效应是指每个人都力图使自己和别人的行为看起来合理，因此总是为行为寻找理由。过度理由效应理论中的理由包括外部理由和内部理由。外部理由属于显性的，是显而易见的；内部理由属于隐性的，是隐藏起来的。人们一旦找到足够的理由，就很少会继续找下去，并且在寻找理由时，总是先找那些显而易见的外部理由。因此，如果外部理由足以解释行为，人们一般就不再去寻找内部理由了。

在营销工作中，销售人员首先要关注并满足目标客户的需求，让他从感性上感觉"爽"，其次要借助局外人的分析评价，让他从理性上认为"值"，感觉自己的决策是明智且安全的，最终才能成交。同样，我们在做招聘工作时，也必须通过相应举措，让求职者感觉到爽、值、明智且安全，这样他才会欣然选择我们所招聘的职位。要实现这个目标，我们应该从求职者的关注点切入，展示满足其需求的信息，并且得到他的认同、信任。

关于企业的匹配度，由谁说出来更有信服力？谁说出来更能让求职者相信呢？结合14岁的女孩买衣服的案例，再根据过度理由效应，我们得出一个结论：相对于关系更近、有利害关系的人而言，人们往往更信任陌生人。同样，满足求职者关注点的信息，除了企业内部的人说，借助企业外部的人传达更能影响求职者的决策。

因此，我们进行宣传推广时，不仅要借助企业内部的人的身份和口吻，更要借助企业外部的人的身份和口吻。内部的人指企业的管理层、员工。管理层包括董事长、总经理、总监等高层管理人员，各部门经理、主管等中基层管理人员；员工包括企业新员工、老员工及离职的前员工。外部的人是指企业客户、供应商等合作伙伴及其他第三方。针对求职者的关注点，招聘人员在撰写宣传文案时一定要借助这些人的身份和口吻，这样更能影响求职者的认知，让他们更相信企业宣传展示的内容。

明确了求职者的关注点、宣传文案的形式、需借助的身份和口吻后，招聘人员就可以在准备宣传资料时，利用排列组合的原理，把求职者的关注点淋漓尽致地展示出来。具体来讲，对于企业完善的福利待遇，我们要用高层管理者、中层管理者、基层管理者、员工、客户、供应商及其他第三方的口吻描述与评价；对于发展空间，我们同样要用各级管理者、员工、客户、供应商及其他第三方的口吻描述与评价。利用排列组合的方式将企业要打造的各个亮点充分展示出来，就可以让求职者发现他的关注点被满足的证据，并且相信这些证据是真实可信的。这就是企业打造口碑的交互工作法。

举个例子，就发展空间这个关注点，我们用交互工作法可以这样设计（假定以微信作为推广渠道）——

借助高层管理者总经理的身份和口吻，以虚拟与现实相结合的手法，摘选讲话稿或在会议讲话视频截图下方写上"舞台已搭就，吾辈当努力"等评价，发布朋友圈：

> 今天听了董事长的讲话，内心很激动。董事长说："集团要抢抓机遇，加大资金投入的力度，在'十四五'规划的指导下，加快市场开发力度，在现有15个分公司的基础上，力争在明年5月底再成立8

· 营销式招聘 ·

个分公司，实现集团的战略布局。为了给集团战略规划提供坚实的人才保障，集团将实施金种子人才工程，建立健全人才梯队制度建设，完善培训体系，公开选拔优秀人才，充实核心岗位……"

借助中层管理者的身份和口吻：

今天和质检部张经理聊天，谈到集团今天举办的第三批关键岗位竞聘，张经理说，作为评委之一，看到许多新生力量表现优异、竞聘成功，他十分感慨。天时地利人和，集团发展形势令人振奋……

借助入职不久的新员工的身份和口吻，配上新员工的朋友圈截图展示：

今天才得知，刚升职的PMD[①]负责人入职才8个多月，仅仅比我早3个月！再想到一周前主管通知我报名参加雏鹰特训营，我顿时信心倍增！

借助第三方的身份和口吻：

在第十三届人力资源发展管理论坛上，由于公司在员工职业生涯规划、培训体系建设方面取得显著成效，公司人力资源总监应邀做了《H型员工职业晋升规划》的报告。与会嘉宾高度评价了我公司在员工晋升规划体系方面所取得的成绩。会后，很多人与总监探

---

① PMD：全称为 Program Managment Document，即项目管理组。

讨我公司的具体做法……

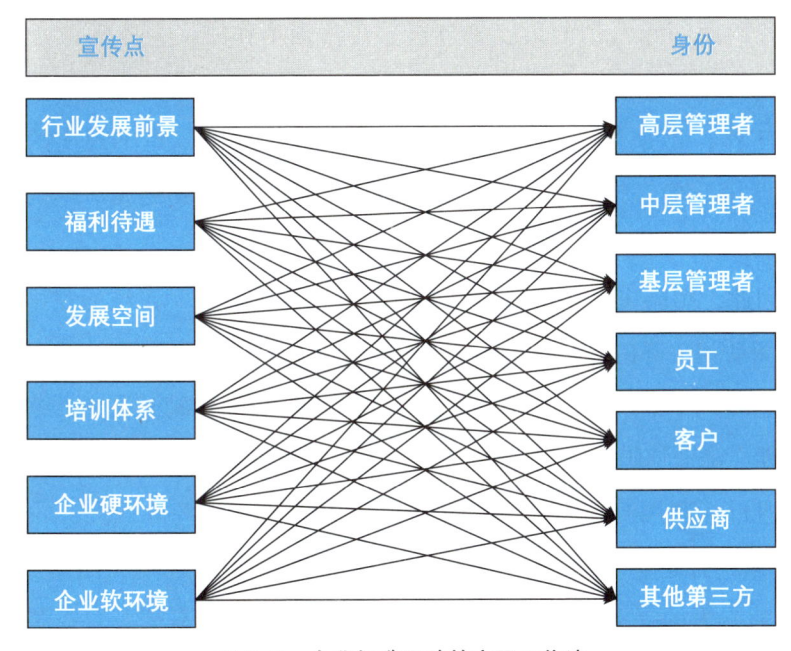

图 2-2　企业打造口碑的交互工作法

同样，运用交互工作法，借助不同的身份和口吻，我们可以针对求职者的其他关注点设计相应的文案。

在这里，需要特别提示一点：我们在选择推广宣传渠道时要特别考虑新闻源这种方式。新闻源是企业进行宣传推广非常重要的手段，是指符合搜索引擎新闻的收录标准、站内信息被搜索引擎优先收录，且被网络媒体转载成为网络新闻的源头媒体。新闻源在网络推广领域内的地位举足轻重，在公众心目中具有较高公信力与权威性。新闻源发布根据各大网站的影响力以及不同页面的权重按相应标准收取一定费用，但很多新闻源的费用比较低。

在实际工作中，由于时间、精力等原因，我们可能无法完全按照交互工作法进行企业口碑的宣传打造，这是一个客观存在的现实问题。这个问题该如何解决呢？

我们回归到营销的角度来分析。在营销工作中，企业无论是优化各营销环节、培训业务人员以提升营销技能，还是做足成交前的各项准备工作，都是为了成交。100%的成交是理想态，是不现实的，但提高营销效能、提高成交率、缩短成交周期、降低成交成本则是可追求的。

因此，招聘人员要结合自己的时间、精力进行科学系统的安排，尽可能调动相关部门和员工的协同参与，哪怕多一个宣传纬度、多一个推广点、多一个推广渠道，都会提高招聘效能、提高招聘到岗率、缩短招聘周期、降低招聘成本。

通过互联网打造企业的口碑，只有执行到位并坚持下去，才能看到效果。打造口碑不仅对招聘工作有利，对企业营销、品牌推广、企业影响力的提升都有极大的促进作用。这项工作不是人力资源部一个部门或者招聘人员一个人的事情，而是整个企业的事情，需要各部门、各个员工协同做。企业需要建立"定人、定量、定时、定责"四定长效激励机制，再明确奖惩标准，经过一段时间，就可以把口碑打造起来。

"定人"，即把需要宣传推广的切入维度或内容点、借助的身份、选择发布的平台等责任落实到人；

"定量"，即制订宣传文案撰写及发布的数量标准；

"定时"，即明确宣传文案撰写及发布的时间要求；

"定责"，即明确宣传文案撰写及发布任务完成情况的奖惩标准。

四定长效激励机制管理表格见表2-1。

表 2-1 四定长效激励机制管理表格

| 序号 | 宣传点 | 呈现形式 | 借助的身份 | 平台 | 数量 | 时间 | 责任人 |
|---|---|---|---|---|---|---|---|
|  |  |  |  |  |  |  |  |
|  |  |  |  |  |  |  |  |
| 激励政策 | | | | | | | |

运用交互工作法打造企业口碑,再结合第五章中的招聘文案设计技巧与方法,就可以达到招聘引流的目的。

第三章

# 精准预测：各个岗位的招聘需求

前两章主要对企业招聘与市场营销的融合进行阐述，引导招聘人员从人力资源思维向营销思维转变，以此突破招聘瓶颈，提升招聘效能。从这一章开始，我将具体展开说明营销式招聘的各个流程，详细讲解支撑各个流程的工具、方法以及如何落地实施。

企业的经营策略会随着外部环境的变化（如市场环境的变化、生产技术的突破和生产设备的革新、行业竞争格局改变、企业市场网络布局的调整等）而调整。企业的组织结构必定要根据企业经营策略的变化而做出相应变化。这一变化必然影响到企业的人力资源规划。

企业的人力资源规划是企业对人力资源的需求与供给所做出的预测，一般分为中长期规划和年度计划。一般来说，长期规划是 3～10 年，中期规划是 5 年左右，年度计划即当年计划。中长期规划对企业的人力资源规划具有方向上的指导作用；年度计划则是执行计划，是对中长期规划的贯彻与落实。

## 第一节
## 活用七项数据，撬动招聘势能

有些招聘人员对招聘需求分析、招聘计划的制订不以为然，认为招聘计划很简单：用人部门需要招什么人，我们就招什么人；领导安排招多少人，我们就招多少人。

人力资源规划是一个预测和分析的过程，解决的是人力资源供需矛盾问题。在整个人力资源规划体系中，预测是最重要的一环。预测是对未来环境的分析，人力资源预测就是在对企业过往人力资源情况及现状评估的基础上，对未来一定时期内人力资源情况的一种假设，包括需求预测和供给预测。需求预测是指企业为实现企业战略目标而对未来所需员工数量和种类的估算，供给预测则是指企业内部人力资源的调配能力以及企业外部人力资源供给情况的分析。

企业处于不同阶段，人力资源预测的策略和要求便不同。无论企业处于哪个阶段，人力资源供需平衡的情况是很少的，而供需出现矛盾是经常的。

在初创和成长期，企业需要招聘大量员工，人力资源的需求量很大，供给严重不足，这个时期需要做好人力资源供给量的分析；在成熟期，人力资源供需矛盾不突出，这时需要做的是企业内部人力资源供存量能力分析、内部岗位转换等调配工作，充分做好工作量的分析，使岗位的供需情况趋于平衡;在衰退期,企业内部冗员开始增多,岗位需求严重不足,这个时期需要做好人力资源的需求分析,确保冗员得到妥善安置,从而保障企业稳定过渡;在再造期,企业已经成功转型,对人力资源的规划较为理性,尽管人力资源供需矛盾仍然突出,但由于积累了较多经验,因此出现的问题不多。

很多企业是这样制定招聘流程的:人力资源部下发统计表格,向各部门征集用人需求;各部门把本部门需要招聘的岗位、人数,以及学历、专业等用人条件报给人力资源部;人力资源部按专业等条件分门别类地汇总统计各部门的用人需求,上报公司领导审批;领导审批后,人力资源部执行公司决定,开展招聘工作。

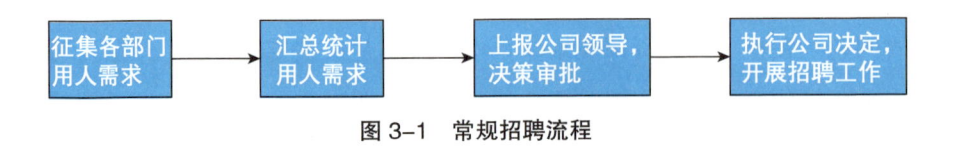

征集各部门用人需求 → 汇总统计用人需求 → 上报公司领导,决策审批 → 执行公司决定,开展招聘工作

图 3-1 常规招聘流程

这种流程貌似符合逻辑,但实际上人力资源部或者招聘人员在整个过程中仅仅起到了汇总统计和传声筒的功能,部门或个人的价值没有体现出来。尽管企业招聘计划的决策权掌握在领导手里,但招聘人员要尽到应有的职责,为领导的决策提供科学的依据、翔实的数据、可行性建议和方案。

要制订科学、精准的招聘计划,人力资源管理者就必须掌握七项关键数据。然而,很多人力资源管理者仅仅知晓其中的四五项。这七项关键数据具体如下——

## 1. 企业年度经营指标

企业年度经营指标即企业年度经营计划。企业每年年初都要制订本年度的经营计划、制定业绩目标。企业的一切工作都是围绕年度经营指标开展的。

### 2. 人工费用率

人工费用率也叫人工成本占比。企业制定年度经营指标之后，就要为了实现经营指标进行财务预算。其中，人工成本预算是非常重要的环节。人工费用率计算公式为：

人工费用率＝人工成本总额÷当期销售额（当期营业额）×100%

如果销售额（营业额）不好计算，那么可以用产值代替。不同行业的人工费用率的标准不同，大家可以通过查阅行业报告或者网络检索进行横向对比计算得出，也可以根据企业近 3 年历史财务数据纵向加权平均计算得出。

### 3. 人均劳动生产率

人均劳动生产率指根据产品价值量计算出的平均每个职工在单位时间内的产品生产量。它是企业生产技术水平、经营管理水平、职工技术熟练程度和劳动积极性的综合表现，其计算公式为：

人均劳动生产率＝工业总产值÷全部职工平均人数

其中，全部职工平均人数按照计算周期内的平均人数取值：

全年平均人数＝（$N_1+N_2+N_3+\cdots N_n$）÷n

在零售业中，企业还经常使用人均工效指标（人均工效＝销售额÷人数），进而细分为总人效指标和一线人效

> **制订招聘计划时必须掌握的七项关键数据**
> 1.企业年度经营指标；2.人工费用率；3.人均劳动生产率；4.企业战略规划；5.现有员工工作负荷承载系数；6.员工薪酬涨幅；7.创新效率提升系数。

指标。这项数据同样可以通过同行业横向对比取值或本企业近 3 年历史数据纵向加权平均计算取值。

### 4. 企业战略规划

在时时刻刻紧盯年度计划的同时，招聘人员还要牢牢把握企业的战略规划，比如 3 年规划、5 年规划。

### 5. 现有员工工作负荷承载系数

虽然很多人对员工工作负荷承载系数有些陌生，但它是制订招聘计划或进行人力资源规划至关重要的一项数据，计算公式为：

员工工作负荷承载系数 = 实际工作产出 ÷ 正常状态下产出

举例来说，假如企业现有 100 名员工，在没有任何因素干扰的条件下，每个人的工作能力为 1，但每个人因为年龄、性别、健康状况、婚育情况、家庭状况等一系列原因，所以无法在实际工作中 100% 投入产出，也就是说，无法发挥出其正常工作状态，即其工作负荷承载系数不一定是 1。简单地说，尽管有 100 人，但是这 100 人不一定能当 100 人用，可能只能当 80 人或 90 人来用。

### 6. 员工薪酬涨幅

在企业实际经营中，由于种种原因，员工薪酬必须有一定比例的提升。员工薪酬涨幅，与招聘计划的制订具有密切的关系。

### 7. 创新效率提升系数

很多人虽然没听说过"创新效率提升系数"这个词，但对类似表述不会陌生。比如，企业投入大量资金进行技术革新、工艺改进、设备更新、生产线扩建、管理模式变革等创新行为，必然会使工作效率提升。工作效率提升程度，与企业的人力资源规划或招聘计划息息相关。企业在开展创新活动时，都会做可行性分析报告或投资项目建议书，里面会有相应的数据供我们参考。

如果不掌握这七项关键数据,我们制订出的招聘计划就可能会失当;一旦招聘计划失当,招聘工作就会顾此失彼,陷入忙乱状态。因此,我们只有掌握以上七项关键数据,才能科学地进行人力资源规划,制订适宜的招聘计划。这七项关键数据具体怎么使用,我在后文将一一详解。

## 第二节
## 倒推工作法：高效稳妥的招聘需求分解法

每当公司制订招聘计划时，招聘人员小刘就苦不堪言。

老板要求："去年我们产值 2.4 亿元，今年要再接再厉，产值要突破 3.5 亿元。人力资源部要制定绩效考核方案，调动员工的积极性和创造性，确保达成年度经营指标。在扩大公司经营规模的同时，我们要向规模要效益，要改变人浮于事的工作现状；公司组织结构要优化，岗位编制要精简，通过绩效考核实现优胜劣汰。我们要鼓励先进、鞭策后进，该调岗的调岗，该淘汰的淘汰，从而实现减员增效的管理目标。"

根据公司年度经营指标，老板又下令："人力资源部招聘人员时，要切实负起责任，不要一味地招人。部门经理说人员不够，你就招人，你有没有考虑人工成本？"

老板一方面要降低人工成本，要求减员增效，另一方面又要确保达成年年攀升的业绩指标。人力资源部制订部门用人计划时，其他职能部门经理提出意见："我们人手不够，工作强度太大。我们都忙于一线的工作，各种报表、报告、资料收集、数据分析等一大堆事情都没有人来做。人力资源部的职责不就是招聘吗？你们必须赶紧给我们补充人员。"

人力资源部根据部门人数制定工作任务指标时，业务部门经理又抱怨："工作任务指标太高，工作压力太大了，我们根本完不成！"

部门经理一边喊人手不够用，一边抱怨工作任务指标太高。作为公司招聘人员的小刘，这时就蒙了，不知所措。

从这个案例中，我们能切实体会招聘人员的处境。如果不掌握制订招聘计划的操作方法，人力资源部就很难摆脱这种左右为难的境况。精准制订招聘计划是成功实施高效能招聘的前提。

一个企业能够取得营销业绩取决于正确的战略思维与有效的战术行动。做招聘就是做营销，取得招聘业绩同样需要具备正确的战略思维和有效的战术行动。招聘不仅包括发布招聘信息、组织面试等执行层面的事务性工作，还包括宏观战略层面的人力资源规划和微观战术层面的招聘执行。人力资源部在企业经营攻坚战中要想成为各部门的业务合作伙伴，为各部门提供强有力的支持和服务，首要的是在人工成本及员工数量达到平衡的基础上，为企业业务的开展合理配置人才，既要保证没有冗余人员，又要保证企业在用人时有可用之人。

精准制订招聘计划必须遵循战略前瞻性原则和人效匹配原则这两大原则。

第一，战略前瞻性原则。企业在制订招聘计划时，不仅要关注年度经营指标或短期经营指标，以满足企业年度经营任务或短期经营任务的用人需求，还要紧扣企业中长期的发展规划、企业产业或业务发展模式进程、产品研发及市场推进的周期，以满足企业中长期经营规划的用人需求。

第二，人效匹配原则。企业制订招聘计划时，要根据历史经营数据，加权计算出人均劳动生产率，再结合企业当前经营指标，预测用人需求。

将战略前瞻性原则和人效匹配原则有机结合起来，寻求二者的平衡，这样制订的招聘计划才能与企业的发展相匹配，不会顾此失彼。

> **精准制订招聘计划应遵循的两大原则**
> 战略前瞻性原则：战略性用人需求计划；
> 人效匹配原则：常规性用人需求计划。

战略前瞻性原则侧重于达成企业 3 年或 5 年中长期规划目标。例如，企业战略规划会明确指出，公司在未来某个时间节点要达成什么样的目标，招聘人员就要考虑达成目标需要什么样的人才、需要多少人来支撑，如何获取这些人，这就是基于战略前瞻性原则所做的招聘计划，也称为战略性用人需求计划。人效匹配原则侧重于企业常规性发展、当期或年度经营指标，招聘人员要为当期经营指标的达成做好人员配置，基于这一原则制订的招聘计划称为常规性用人需求计划。接下来，我们分别看一下制订这两种招聘计划的具体操作方法。

先看制订战略性用人需求计划的操作方法。

首先，企业在进行战略规划时，人力资源部如果能参与其中最好，如果不能参与，那么等战略规划发布后，招聘人员就要对战略规划进行分析研究，掌握企业的发展动向，与企业高层管理者研讨并确定未来人才需求的层次和方向。其次，为了达成企业战略目标，招聘人员要与企业高层研究确定，哪些岗位需要引进型人才，哪些岗位需要自我培养型人才。引进型人才通常层次较高，招聘难度相对较大，招聘程序较复杂，招聘周期较长。这种层次高、招聘难度大、招聘程序复杂、招聘周期长且不属于当前急需完成的招聘任务，很容易被忽略。这是造成招聘人员手忙脚乱的重要原因之一。

在制订引进型人才招聘计划时，招聘人员必须把握战略性业务进程的时间节点，提前将所需人才列入当期招聘计划，确保人员按时到岗。比如，根据企业战略规划，我们分析出未来一两年内企业要招聘三类人员，并根据该项任务的推进时间确定每类人员的到岗时间（假设当前是2022年1月）：第一类人员需要2023年5月到岗；第二类人员需要2023年8月到岗；第三类人员需要2024年4月到岗。接下来，我们要分析判断每类人员的招聘周期：假如第一类人员的招聘周期是5个月，我们就要在2022年12月开始招聘；第二类人员的招聘周期是6个月，我们就要在2023年2月开始招聘。以此类推，我们将各类人员开始招聘的时间分解出来，列入招聘工作日程中。在实施阶段性招聘工作时，我们不仅要关注当下需要招聘的人员，还要将未来某个时间节点所需的人员提前拟进当期招聘计划中。

自我培养型人才招聘计划的制订，与引进型人才招聘计划的制订在操作上有所区别。招聘人员除了同样需要把握战略性业务进程的时间节点，预留招聘周期，还要考虑人才的培养周期。比如，根据企业战略规划，有两个岗位的人员需要自我培养，其中一个需要2023年6月到岗，培养周期是1年，招聘相对容易，大约2个月就能完成，那么我们就要从到岗时间倒推1年零2个月，即从2022年4月开始招聘。同样，第二个岗位也要提前确定招聘周期和培养周期，从计划到岗时间倒推出开始招聘的时间，列入当期招聘计划中。

· 营销式招聘 ·

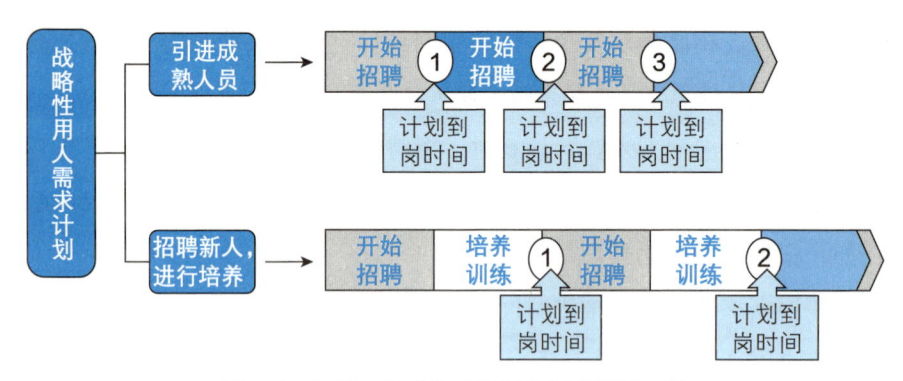

图 3-2　战略性用人需求计划的招聘管理流程

关于制订常规性用人需求计划的操作方式，我们在下节重点讲述。

## 第三节
## 人效增值配额法：常规性用人需求分解的必备利器

这一节，我们来看看制订常规性用人需求计划的操作方法。

常规性用人需求计划是指企业没有战略性业务调整、当前营收状况没有显著改变下的人才需求计划。对于企业而言，战略性用人需求是阶段性的，常规性用人需求则是长期的。常规性用人需求计划的制订主要遵循的是人效匹配原则。

在企业制订年度经营计划后，我们需要补充多少人来保证计划的顺利完成呢？这主要取决于两个因素：企业为完成年度经营指标需要配置的员工总数量和现有员工数量。企业现有员工数量是确定的，需要配置的员工总数量可以通过七项关键数据中的人工费用率和人均劳动生产率来预测。很多招聘人员首先想到的可能是一个常规公式：

需要补充的员工数量 = 需要配置的员工总数量 − 现有员工数量

在实际应用中，这个公式有很多缺陷。

我们先按常规思路思考。根据上面的公式，招聘人员要想精准计算出企业需要补充的员工数量，关键是计算出企业需要配置的员工总数量，常见的计算方法有四种：劳动效率预算法、业务数据分析法、经验预测法、行业对标分析法。

以经验预测法为例，经验预测法的具体运用步骤为：企业基层管理人员先根据以往经验将未来一段时间的经营指标转化为本部门人员的需求增减量，提出本部门各类人员的需求量，再由上一级管理层对其所属部门进行人力资源估算；通过层层估算，最后由最高管理层进行人力资源规划和决策。

用经验预测法来计算企业需要配置的员工总数量，需要分析企业经营业绩（年度产值）、当期员工数量以及人均劳动生产率的近3年数据，然后将近3年人均劳动生产率加权计算，最终得出需要配置的员工总数量。我们看一个具体案例。

某企业2022年年度计划产值是5.2亿元，历年经营数据如下表，那么它需要补充多少员工呢？

表 3-1　某企业近 3 年经营数据

| 年份（年） | 2019 | 2020 | 2021 |
| --- | --- | --- | --- |
| 年度产值（万元） | 23400 | 32292 | 41656 |
| 员工数量（人） | 386 | 518 | 675 |
| 人均劳动生产率（万元） | 60.6 | 62.3 | 61.7 |

第一步，计算人均劳动生产率。根据数据，通过对2019—2021年3年的人均劳动生产率加权平均计算，我们可以得出该企业人均劳动生产率为：

（60.6 + 62.3 + 61.7）÷ 3 ≈ 61.5 万元

第二步，计算需要配置的员工总数量。2022年企业年度计划产值是5.2亿元，按照公式：

$$需要配置的员工总数量 = \frac{年度计划产值}{人均劳动生产率}$$

我们计算出，2022年需要配置的员工总数量为：

52000÷61.5≈846（人）

第三步，计算需要补充的员工数量（即计划招聘的人数）。

需要补充的员工数量＝需要配置的员工总数量－现有员工数量

即需要补充的员工数量为：846-675=171（人）

按照经验预测法，我们最后计算出的企业需要配置的员工总数量为846人，需要补充的员工数量为171人。这究竟对不对？

这样计算貌似科学，但是我们忽略了一个现实情况——员工每年都有涨薪的诉求。如果我们不满足员工的诉求，势必影响员工的积极性；如果无条件满足员工的诉求，就会增加人工成本。因此，我们要理解员工的这一诉求，并且有条件地满足。这和营销中的价格谈判过程非常相似。

价格谈判是营销中常见的环节。在商品交易中，有经验的营销人员很清楚，产品的价格是一个数字载体。它承载的不仅仅是人民币的额度，更是本次成交的诸多条件，比如采购数量、规格型号、付款方式、运输方式、交货周期、售后服务内容等。当客户提出降价要求时，哪怕提出的价格已经超越价格底线，营销人员也不要一口回绝，而要有条件地让步。比如，某件产品的价格是100元，客户还价到95元，你卖不卖？如果你通过谈判，要求客户的采购数量达到1000件，那么单价95元就可以成交；如果客户的采购数量达到10000件，单价80元都可以成交。这就是有条件的让步——你让我降价，我就要你增加采购数量。我们还可以在交货周期上让客户有条件地让步。100元的产品，客户讨价还价到90元，如果你一口回绝，谈判势必陷入僵局。而有条件地让步，则可以继续推进谈判："现在公司订单非常紧张，如果5个月后交货，这个价位我们就可以成交。"此外，在运输条件上也可以让客户有条件地让步，以此来推进谈判。所以说，一切价格都可以谈，但一定要有条件地让步。

这样既不会让谈判陷入僵局，又不会让客户觉得价格砍少了，进而悔单。

同样道理，在制订招聘计划的时候，招聘人员要把员工的涨薪诉求、业绩指标和人员配置联系起来。我们可以满足员工的涨薪诉求，但要在提高员工收入的条件下，提升员工的业绩指标。

如果按前面计算出的配置人数把人员补充到位，同时上涨员工薪酬，那么人工成本总额一定会突破预算。因此，在实际工作中，仅仅用经营目标除以人均劳动生产率是不科学的，还必须考虑员工的薪酬涨幅。比如，部门经理提出员工薪酬要涨15%，薪酬可以涨，但是劳动效率要提升到一定标准，同时今年需要配置的员工总数量要降一降。

因此，需要配置的员工总数量应该用这样的公式计算：

$$需要配置的员工总数量 = \frac{年度计划产值}{人均劳动生产率 \times (1+薪酬涨幅)}$$

我们再回过头来看一下上文提到的案例：假如5.2亿元的计划产值不变，同时要满足员工薪酬涨幅12%的诉求，那么2022年需要配置的员工总数量应该为：

52000÷[61.5×（1+12%）]≈755（人）

需要补充的员工数量为：

755-675=80（人）

与上一种算法相比，需要补充的员工数量减少了91人。面对员工的涨薪诉求，一种方法是调整员工人数，另一种方法是提升员工业绩指标。

导入薪酬涨幅之后，我们其实运用了"354薪酬策略"——3个人干5个人的工作，发放4个人的薪酬。

再回到案例中，我们导入薪酬涨幅，最终计算出需要配置的员工总数量为755人，就到此为止了吗？

没有。我们尽管导入了薪酬涨幅，但是忽略了技术革新、工艺改进、设备更新、生产线扩建、管理模式变革等带来的效率提升,即创新效率提升系数。只要企业进行了优化创新,只要这些创新能提升效率,那么在计算人员配置时就必须考虑这个系数。创新效率提升系数是一个预估数值,如果这种创新对提升效率的效果不明显,就可以忽略;如果效果明显,就必须导入。前文讲过,我们可以通过可行性分析报告、投资项目建议书中的数值来确定该系数数值。

将创新效率提升系数记作 P,需要配置的员工总数量的计算公式又有了改进:

$$需要配置的员工总数量 = \frac{年度计划产值}{人均劳动生产率 \times (1+薪酬涨幅)} \times (1-P)$$

假定创新效率提升系数是 0.2,其他数值不变,那么:
需要配置的员工总数量 =52000÷[61.5×(1+12%)]×(1-0.2)≈604(人)
需要补充的员工数量 =604-675=-71(人)

根据这个结果,企业非但不需要再补充员工,甚至还可能进行岗位调整。

但是,计算到这里,我们还漏掉一个非常重要的因素——现有员工工作负荷承载系数。

现有员工工作负荷承载系数,通俗来讲就是该员工现在和之前相比或未来与现在相比,其生产效率是否有所下滑。年龄、性别、健康状况、婚育情况、家庭状况等都可能使生产效率自然下滑。比如,某企业所在行业以女性员工为主,该企业有很多女性员工有生育二胎或三胎的意向。在没放开二孩政策前,生育过的女性以后不会再因为生育影响工作,但如今随着政策放开,企业就要考虑生育二胎或三胎或多或少会导致女性员工生产效率下滑。同样,家庭状况的变化也会导致生产效率变化,比如之前孩子上幼儿园,不需要辅导功课,老人接送就可以,等孩子上小学了，员工要监督孩子功课，精力必然受到很大牵制和影响。人力资源部要定期和员工沟通，及时了解员工的相关信息，统计汇总相关人员数量，预测出现有员工工作负荷承载系数的变化。

假定估算出来员工工作负荷承载系数是 0.9，创新效率提升系数是 0，其他数据不变，我们再来计算一下需要补充的员工数量。

公司现有员工 675 人，员工工作负荷承载系数为 0.9，即 675 人只能当作 607 人使用。

需要配置的员工总数量为 755 人，那么需要补充的员工数量为：

755–675×0.9 ≈ 148（人）

到这里，招聘计划的计算公式才完善，招聘人员才能精准制订招聘计划。

总结一下，企业招聘计划的制订要遵循战略前瞻性原则和人效匹配原则，招聘需求分为战略性需求和常规性需求。

招聘需求人数 = 常规性需求人数 + 战略性需求人数

需要配置的员工总数量 = 年度计划产值 ÷ [ 人均劳动生产率 ×（1+薪酬涨幅）] ×（1– 创新效率提升系数）

需要补充的员工数量 = 需要配置的员工总数量 – 现有员工数量 × 员工工作负荷承载系数

以上是制订精准招聘计划的完整逻辑。最后，我们用一个具体案例来巩固一下计算需要补充的员工数量的步骤。

> A 公司是一家做饮用水设备的公司,2020 年实现产值 35000 万元，人均劳动生产率是 297 万元；2021 年实现产值 45600 万（增长 30%），人均劳动生产率是 304 万元；2022 年，公司依据市场环境和发展战略确定计划产值增长 25%，人均薪酬涨幅拟定为 15%。公司人力资源部

经发放不记名调查问卷，了解到公司员工年龄、健康状况、婚育情况、家庭状况等综合信息，估算出现有员工在2022年的工作负荷承载系数为0.91。请根据上述统计数据预测2022年A公司在不考虑创新效率提升系数影响的情况下需要补充的员工数量。

1.计算2022年的计划产值：45600×（1+25%）=57000（万元）

2.计算2021年公司员工数量：45600÷304=150（人）

3.计算现有员工在2022年实际全负荷工作人数：150×0.91≈137（人）

4.计算人均劳动生产率：（297+304）÷2=300.5（万元）

5.计算2022年需要配置的员工总数量：57000÷[300.5×（1+15%）]≈165（人）

6.计算需要补充的员工数量：165-137=28（人）

第四章

# 招聘杠杆：如何以低成本获得更多人才

阿基米德说过："给我一个支点，我就能撬起整个地球。"在企业做招聘，招聘人员也要找到招聘的杠杆和支点，来撬动招聘工作。招聘的杠杆就是招聘渠道。招聘渠道的选择是否精准，决定和影响着招聘的效果和质量。现场招聘会、报纸招聘、网络招聘和校园招聘，曾经被称为招聘渠道的四大王牌。我们来盘点一下招聘渠道的四大王牌的前世今生。

第一，现场招聘会。当年供需两旺时，招聘人员在现场招聘会上收简历收到手抽筋，现场解答一刻不停，连喝水的时间都没有。如今的现场招聘会，企业来"摆摊"的人远远多于求职的人，门庭冷落车马稀，那叫一个惨淡。

第二，报纸招聘。之前做报纸招聘，哪怕企业打出一个豆腐块的招聘信息，求职者的电话都会此起彼伏，完成招聘任务不费吹灰之力。现在即便企业打出半个版面的招聘广告，招聘效果也不理想。报纸发行当天一大早，电话一个接一个，接完电话后只剩郁闷——10个电话里有9个是推销产品的，剩下一个还是拨错号码打进来的。

第三，网络招聘。以往企业发布了网络招聘信息，求职简历纷至沓来，招聘工作极其高效。而今在网络招聘平台发布招聘信息后，乍一看有不少投递的简历，但联系之后，10个人里面有6个已经找到工作，2个需要再考虑考虑，剩余2个尽管没有找到工作，但接到电话丈二和尚摸不着头脑——简历根本不是他主动投递的，是招聘平台系统自动匹配投递的。

第四，校园招聘。校招效果也是今非昔比。"历史上"的校招撑起企业招聘的半壁江山，有"得校招者得（招聘工作）天下"之说。如今校招效果急转直下，除非是社会影响力非常大的用人单位，否则校招很难达到预期效果。去学校举办专场招聘会，尽管校方已经组织好相关专业的学生参加，现场不少人，但等你介绍完企业的基本情况，宣布完招聘职位，请有兴趣的同学填写招聘信息登记表和进一步沟通时，现场已经人去楼空。这世界究竟怎么了？不是说应届毕业生就业压力极大吗？求职的人都去哪儿了？

## 第一节
## 招聘目的地：不是池塘没有鱼，
## 是你选的池塘不对

在市场营销工作中，客户定位是关键。在引流、激发、成交、追销四个营销节点中，引流是第一步，因此做营销首先要解决两个问题：客户是谁？客户在哪里？只有对客户进行精准定位，知道潜在客户是哪个群体，他们在什么地方，我们才能通过一系列措施将客户引流到我们选择的池塘，再进一步激发，挖掘并满足其需求，达到成交的目的。如果不知道潜在客户是谁，不知道潜在客户在哪里，只是漫无目的地进行宣传推广，就无异于缘木求鱼。

招聘人员寻找求职者如同营销人员寻找目标客户，选准池塘很重要。每年，大量求职者涌向社会，形成庞大的就业大军，可为什么企业在招聘时总是一人难求？答案很简单——方向不对，努力白费。尽管企业在招聘中动用了四大王牌招聘渠道，但用人需求远远无法满足。招聘人员要想摆脱这个困境，就必须正视两个问题：第一，我们钓不到鱼，不是池塘里没有鱼，而是我们用的钓饵和钓鱼方法不对；第二，我们钓不到鱼，不是池塘里没有鱼，而是我们选择的池塘不对。那么，招聘人员应该如何选择钓饵，布饵下网，又该如何准确选择池塘呢？

对于布饵，招聘人员应该利用故事营销手段，采取"深挖洞、广积

• 营销式招聘 •

粮"的策略开展招聘工作；对于准确选择池塘，招聘人员应该利用用户画像技术，采取"按图索骥"的策略开展招聘工作。

俗话说，打猎要进山，捕鱼需下海。根据岗位用人需求，企业的招聘对象一般为两类人群：一类是各类高校应届毕业生；一类是有工作经验的职场人士，他们大多具备一定的岗位基础经验，且不乏业务骨干。这两类不同人群属于不同的池塘，要通过不同的招聘渠道获取。

应届毕业生的招聘主要依靠现场招聘会和网络招聘。这里所说的现场招聘会，并非指人力资源公司举办的现场招聘会，而是由政府主管部门（人力资源和社会保障厅、教育厅、省委高等学校工作委员会等）和高校联合举办的专业专场招聘会或综合类应届毕业生招聘会。一般每年春节过后，政府主管部门都会联合各大高校，在校内组织近10场按专业类别划分的招聘会。这些招聘会因为具有较高的公信力，50%以上的应届毕业生都会在这些招聘会上达成就业意向，找到理想的工作。至于人力资源公司举办的招聘会，多半应届毕业生会将其当成练兵场：去了解一些信息，感受一下就业市场的氛围。

选择网络招聘时，招聘人员要侧重选择地方性、区域性的专业网络招聘平台。这些平台在业务发展过程中，基于差异化经营定位，为了和全国性的专业招聘网站竞争，会充分发挥区位优势，加大和当地高校互动的力度，引导应届毕业生登记注册，收集大量应届毕业生简历。尤其是有一定影响力、上线时间比较长的地方区域性专业招聘网站，招聘效果最佳。

应届毕业生的招聘渠道离不开校园招聘。很多招聘人员之所以感觉校园招聘效果不佳，是因为操作方式不对。我们经常说"戏法人人会变，但精彩各有不同"，如何操作才能提升校园招聘的效果呢？我将在本章第二节和第五章第五节分别讲解。

## 第四章 招聘杠杆：如何以低成本获得更多人才

招聘具有一定工作经验的职场人士，通过现场招聘会和网络招聘渠道，采取常规操作方式效果都不佳，必须另辟蹊径。很多职场人士在求职时都是在职状态，不方便参加现场招聘会，其中一部分和猎头机构有联系，他们一般不会在还没有确定下一个工作单位前贸然离职。同样从职业安全的角度考虑，很多人不愿在专业招聘网站注册，担心人力资源部搜到简历，过早暴露自己的离职意向，将自己置于不利境地。总之，这些人要么不用参加、不便参加传统的现场招聘会，要么不敢贸然在专业招聘网站注册。

那么，招聘职场人士，通过哪些渠道更有效果？使用职业社交型网站或APP（手机应用软件），尤其是微信招聘渠道。

职业社交型网站或APP包括领英、脉脉、X职场、际客、人和网等。通过这些网站，职场人士能加入不同的职业圈子，参加各种职业话题的讨论，分享自己的观点，拓宽自己的交际圈，与对个人职业生涯发展有帮助的人建立联系，获得发展机会。此外，职场人士还可以在这些网站上更新个人信息，比如岗位调整、职位变迁等信息，并且其关系链上的人有可能对其职场经历做出评价。

利用职业社交型网站或APP进行社交化招聘，招聘人员能更深入地了解职场人士的个人信息，相对于单看一份简历而言更加立体、更加真实和动态化。这类网站在形式上弱化了招聘的功能，为职场人士提供了一个更方便展现自我的平台，在一定程度上弥补了企业中高端人才网络招聘的短板，是对传统网络招聘的颠覆性的行业创新。

中高端招聘信息不对称是中高端人才招聘市场持久空白的重要原因，职业社交平台恰好填补了这一市场空白，可以帮助企业更高效地招聘到所需的中高端人才。随着职业社交平台的不断发展，社交招聘模式将成为企业招聘的主流渠道。招聘人员要通过不同的职业社交平台，与潜在的候选者建立联系，从而找到企业急需的"职业潜水艇"。

还有一个渠道能更便捷、更快速地招到企业所需的人才，这就是微信招聘渠道。微信作为"第一国民 APP"，已经从熟人社交向泛社交转变，在工作中运用微信已成为常态，职业社交已经成为微信的重要功能之一。从这个角度来看，企业要招的人员几乎全部聚集在微信平台上，每个职场人士都会添加一个甚至多个与自己工作、专业有关的外部微信群。微信群是一个高质量池塘，通过专业微信群，招聘人员可以快速找到所需要的人才。

尽管微信群是一个高质量池塘，是"群鱼聚集地"，但它是一个封闭平台，不像开放式门户网站那样，通过搜索就可以轻松被找到。明明知道要找的人分布在各个微信群里，但如果没有加入，根本搜索不到这些群。山重水复疑无路，怎么办？别急，用"借梯上楼"之策便可实现柳暗花明。具体来讲，有两种操作方法。

### 1. 借助 QQ 群加入微信群

微信群是一个封闭的平台，而 QQ 群则是一个开放的平台。我们要利用 QQ 查找功能，以专业或职业为关键词进行搜索，检索到相应 QQ 群后申请入群。

具体步骤如下：

第一步，登录 QQ 客户端；

第二步，双击左下角"加好友 / 群"按钮；

第三步，在弹出的"查找"界面点击"找群"。比如，你想寻找生物发酵技术专业人员，先输入"生物发酵技术"，然后点击搜索图标，就会检索出全国范围内生物发酵技术人员专业群。你如果想寻找北京的 QQ 群，就按"范围"查找，设置搜索范围为"北京"。此时，北京的生物发酵技术人员专业群就会检索出来。

第四步，加入目标 QQ 群。根据检索结果，筛选出合适的群，点击"加群"，在弹出的对话窗口输入验证信息。此时你要坦诚地表达入群的理由，消除群主的顾虑。在加群的时候，你不妨使用这样的技巧：在弹出的窗口界面有群主信息，可以先点击群主，把群主加为好友，取得群主的信任，这样比较容易入群。

第五步，入群后，你可以添加群内成员为好友，通过沟通让这些人把你拉进生物发酵技术专业人员微信群。到了这一步，你就打开了一个全新的招聘渠道，同时收获了若干含有生物发酵技术专业人员的 QQ 群和微信群，可谓一箭双雕。

### 2. 借助微博入口，导入微信群

即便微信出现，微博仍以其信息传播速度快、信息传播广等独特优势证明其地位的不可替代。使用微博的人很多，尤其是各领域公众人物、专业人员，因此对招聘来说，我们同样可以以微博为切入点，搜索到专业人员的微博，将其作为打开专业人员微信群的入口。

我们以高分子专业人员搜索为例，具体步骤如下（以新浪微博为例）：

第一步，登录个人微博后，在搜索框里输入"高分子"，进行检索。

第二步，在弹出的新页面，点击"'高分子'相关用户"，可以设置"地区""年龄""性别"等具体搜索条件，进一步缩小搜索范围。

第三步，根据检索结果，筛选出符合条件的个人微博，点击关注，发送私信，以坦诚的态度与对方建立联系。同时，你还可以查阅该博主的粉丝、最新互动留言，经过筛选后与博主的粉丝建立联系。

第四步，通过和博主及其粉丝沟通，让他们把你拉入高分子专业人员微信群。

申请加入微信群的时候，你也要注意自己的态度，一定要表明自己不是微商，也不是电商，目的是招聘专业人员。这样群主和管理员一般都会同意。

无论招聘应届毕业生，还是招聘职场人士，与第三方代理招聘机构合作不容忽视。校园招聘、一线生产（服务）人员招聘、中高端人才招聘等，都可以由第三方代理招聘机构根据企业的实际情况进行，这样可以大大提升我们的招聘效率，缓解我们的招聘压力。

## 第二节
## 招聘下对网：选对池塘猛撒网

一个企业要想做好营销，时刻需要回答三个问题：客户是谁？客户在哪里？客户怎么经营，客户关系怎么维护？这三个关系到企业生死存亡的问题，都可以从用户画像技术中找出答案。用户画像技术可以帮助企业进行精准定位、洞察客户需求，企业可以通过用户画像技术立体地描绘出客户特征，深度挖掘客户行为，了解客户消费需求、心理特征、喜恶偏好，进而满足客户需求，与客户进行良好的沟通与互动，维护与客户之间的关系。

简单来说，用户画像技术就是围绕企业的业务目标，利用数据分析，挖掘出一系列能够表示用户的基本属性、行为模式、观点倾向的标签，其根本目的是寻找精准目标客户、优化产品设计、指导运营策略、分析业务场景和完善业务形态，进行精准营销。

用户画像分为显性画像和隐性画像两部分。显性画像是目标用户可视化的特征，如性别、年龄、职业、地域、兴趣、爱好等；隐性画像是目标用户内在的、深层次的特征，包括目标用户对产品的使用目的、需求、使用场景、使用频次、使用偏好等。

用户画像技术最大的价值是换位思考：站在用户的角度思考问题，并把问题落到实处。利用用户画像技术，我们能够在产品设计、营销设计等一系列方案设计的过程中抛开个人喜好，把关注点放在目标用户的动机和行为上。

用户画像主要有四个属性：静态属性、动态属性、消费属性和心理属性。静态属性是指用户相对稳定不变的特征，比如用户的性别、年龄、学历、专业、地域等；动态属性是指用户的兴趣、爱好、休闲娱乐偏好、社交习惯等；消费属性是指用户的消费能力、消费意识、消费心理、消费偏好等；心理属性是指用户对工作或生活环境的反映、评价，在人际沟通过程中的倾向或好恶，也就是用户本人的价值取向、心理好恶等。

用户画像技术贯穿于企业的整个营销过程。在引流阶段（售前），用户画像技术可以帮助企业实现精准引流营销；在激发和成交阶段（售中），可以帮助企业根据客户的动态属性和心理属性，提供个性化的服务，促使目标客户和企业快速成交；在追销阶段（售后），可以帮助企业实现个性化增值服务，增强客户黏性、提升客户忠诚度。不是每个客户都是我们高价值的精准用户，用户画像技术可以帮我们从成千上万个客户中找到最适合我们的客户。这些客户更容易和企业成交，更容易为我们带来转介业务。销售人员只有将自己有限的销售时间用到这些客户身上，销售效率才能提高，业绩才能有保障。

我们举个例子，看看企业在引流阶段掌握用户画像技术的重要性。

某养生店为了引流，安排两个人在大街上发宣传单，每天分配同样的任务——发200张宣传单。其中一个人带来的客户到店率比另一个人高30%左右。他说："我只给50岁以上、穿戴整齐、戴着眼镜、走路不匆忙的人发。因为我发现有养生需求的人一般是退休职工，有钱，有时间。"另一个人尽管也很努力，但在大街上毫无重点地逢人就发，引流效能自然就低。

## 第四章 招聘杠杆：如何以低成本获得更多人才

从这个案例中我们可以得知，养生店的用户画像就是"有钱、有时间的50岁以上退休职工"。

用户画像技术在追销阶段的作用也非常显著。

某火锅店有4000多个注册会员，为了维护客情关系，提升客户忠诚度，这家店要开展回馈客户活动。起初本着"来者皆是客"的传统思维，客户回馈方案以"普惠"为原则，每个会员享受同样的菜品赠送增值服务。但根据内测反馈信息，发现活动收效甚微。后来，火锅店调整了方案，只针对"年消费频次达6次以上、平均单次消费400元以上、企业主等高净值男性客户"（用户画像）进行回馈，在同样的资金预算下加大单个客户的回馈力度，最终增强了客户对回馈活动的体验感，效果远远超出预期。

一线销售人员时间紧，任务重，底薪有限，收入全凭业绩。如果他们在茫茫人海中不能快速、准确地找到有价值的客户，他们的业绩就无法保障。过低的成交率对销售队伍的稳定、销售人员的积极性和业绩的达标率都有很大的影响，而用户画像技术则可以帮助销售人员看清楚每一类客户的特征，从而更好地提高销售整体业绩。

同样，在企业招聘中，招聘人员也应该通过用户画像技术找到最匹配的人员，实施精准引流、激发、成交和追销。招聘工作主要利用的是用户画像技术的静态属性、动态属性和心理属性这三个属性。

以静态属性中的地域举例。一家企业每年需要招聘一定数量的应届大学毕业生。在进行校园招聘时，符合其用人需求的用户画像即为某专业、某学历、本县生源地的毕业生，那么按照这一画像招到的毕业生稳定性更强，培养的价值更大。确定了用户画像之后，企业就可以开始部署招聘工作。第一步，选池塘，先筛选有该专业毕业生的高校；第二步，猛撒网，通过高校毕业生信息网查询该校今年该专业的毕业生生源地的分布情况。如果在高校毕业生网站上查不到毕业生生源地的分布情况，招聘人员可以联系负责毕业生就业分配的办公室、学生处、就业处负责人，咨询是否有本县生源地的学生，这样就可以精准地锁定用户，提高招聘的效能。

运用用户画像技术，实现精准营销，就像种草提供给羊群，草地是我们的产品。在一片草地上养羊，要想养一群羊，先要有第一只羊。如果这只羊在这片草地上过得很好、很满足，我们就可以根据这只羊的特性做相应设计，吸引更多相同品种的羊。

在实际工作中，我们可以根据下面三个步骤来构建用户画像：第一步，通过用户样本的筛选进行基础数据采集、分析建模、画像呈现；第二步，做好信息收集和数据分析；第三步，构建最终用户画像。在第一步中，我们要选定精准的用户样本进行调研访谈或问卷调查，收集汇总信息后，进行信息的统计、筛选、分析，最终形成用户画像的特征。

本章旨在让大家了解用户画像技术的概念、属性以及主要解决哪些问题，至于客户长什么样、应该如何吸引客户这两个问题，我将在第五章进行更深入、更具体的讲解。

## 第三节
## 品牌故事：招聘，要讲好公司的小故事

无论什么行业、何种营销模式、营销过程中采取何种策略，企业只有走近客户、连接客户、影响客户，最终才能成交。大多数消费者都没有时间和精力去了解商品的工艺、原料、参数等专业知识，而故事营销就扮演着让消费者快速了解这些知识的角色。经济学教授菲利普·科特勒（Philip Kotler）曾经对故事营销做过一个解释："故事营销通过讲述一个与品牌理念相契合的故事来吸引目标消费者，在让消费者感受故事情节的过程中，潜移默化地把品牌信息植入消费者心中。"

故事营销就是通过讲故事的方式来提高产品销量、树立好的品牌形象、扩大企业影响力，达到营销的目的。企业在打造品牌时，可以把情感注入故事中，增加品牌的核心文化，并在产品营销的过程中通过释放品牌的核心情感能量，辅以产品的功能性及概念性需求，打动消费者的心，从而使产品的销量在稳定上升过程中出现爆发性的增长。在走近客户、连接客户、影响客户、实现成交的过程中，品牌文化的推广至关重要。故事营销可以让品牌文化具有独特的营销力，这是很多企业都在运用的撒手锏。

广告让你关注，故事让你感动。海尔只讲了一个砸冰箱的故事，就让人们认识了海尔，相信了海尔产品的品质；褚橙讲了一个老当益壮的故

• 营销式招聘 •

事，就将其他橙子甩出几条街……故事营销的本质，就是将理念寓于故事中，加上细节与情感，用受众喜闻乐见的方式表达出来，在品牌和客户之间搭建一座桥梁。凡是成功的品牌，都很擅长讲故事，它们懂得如何把品牌的历史、内涵、精神向消费者娓娓道来，在潜移默化中完成品牌理念的灌输。因此，一个好的营销就是要讲好一个故事。同样，在招聘工作中，人力资源管理者应该从招聘角度讲好企业的品牌故事，讲好企业用人的故事，讲好企业员工成长发展的故事，利用故事营销做好招聘工作。

下面我们用两个案例解析企业如何通过故事营销让品牌产生独特的营销力，如何通过故事营销给企业插上一双腾飞的翅膀，如何通过故事营销让企业快速地走近客户、连接客户、影响客户，最终成交。

第一个案例是关于海底捞的。

2018年9月，海底捞在港交所上市，市值超过千亿港元，在全球餐饮业中排名第五。截至2020年6月30日，海底捞在全球开设935家直营餐厅。根据海底捞的发展历程，海底捞用16年时间开了52家门店；从2011年到2019年上半年，用了不到8年时间，开了500多家门店。2011年是海底捞发展的分水岭，从这一年开始，海底捞驶入飞速发展的快车道。究竟是什么成就了海底捞？2011年究竟发生了什么，让海底捞驶入了飞速发展的快车道？

揭示原因之前，我们先思考一个问题：你第一次去海底捞吃火锅是基于什么原因？是什么吸引你去海底捞？

很多人被海底捞的服务吸引，进而去体验，确切地说，是因为一本书——《海底捞你学不会》。通过这本书，很多人开始了解海底捞，知道海底捞的品牌、文化和它提供的极致服务。这本书带火了海底捞之后，全国各行各业都在效仿海底捞，每个培训机构、每个商学院都在讲海底捞，即使所在城市没有海底捞门店，消费者也知道有一个火锅连锁品牌叫海底捞。这本书由很多案例故事组成，围绕着创始人用双手改变命运这一主题，从家文化、亲情文化及服务文化三个维度淋漓尽致地诠释了海底捞的品牌文化，为它赋予了独特的营销力。当海底捞在某个城市开设门店的时候，这个城市的消费者就会带着一种好奇心去体验海底捞的服务。海底捞用故事营销，让品牌具有营销力，不仅解决了客户引流问题，而且解决了员工招聘问题。并非说海底捞快速发展就是靠《海底捞你学不会》这本书，它的运营和管理模式、产品等更为重要，但从一定意义上说，这本书成就了海底捞，使其成为一个自带流量、美誉度极高的品牌。

第二个案例是关于华夏良子的。

华夏良子在我国健康养生行业处于龙头地位，从1997年创立到现在，全国共有400余家门店，海外有30余家。门店在经营发展过程中，困扰华夏良子最大的问题不是品牌营销，而是人员招聘，足疗师、SPA（水疗）师、按摩师的招聘与培养是难点。为了解决这个问题，华夏良子总结了发展过程中制定的各种制度，提炼了一个又一个真实案例，用故事营销打造出了企业品牌独特的营销力。

华夏良子是怎么做的呢？

华夏良子紧紧抓住了三个点：企业经营理念、价值观的宣传；家文化、亲情文化的宣传；利用名人背书，讲述各界名人和华夏良子的真实故事。华夏良子围绕"五良精神"进行故事营销，让更多的人知道它的经营理念。在家文化、亲情文化的打造上，华夏良子的重视程度与海底捞相比有过之而无不及，拍摄了很多微视频、微电影，从各个角度做尽宣传。通过一系列故事营销手段，华夏良子做足了品牌传播，让社会各界对华夏良子、对足浴行业有了客观的、正面的认知，在收获品牌效益的同时，也解决了招聘难的问题。

故事营销具备六大特点：成本较低，永不过期，渗透性强，想讲就讲，激发兴趣，社交互动。无论做营销还是做招聘，企业都要善于用故事营销的方式走近消费者，连接并影响他们，最终成交。想做好故事营销，就要学会编写品牌故事，成为一个讲故事的高手。

故事编写有三个结构：故事的主题、目的；故事的主体结构；故事的人物角色。人体由大脑、骨骼框架和肌肉组成，故事要宣传的主题和要达到的目的相当于大脑，也就是第二章中提到的求职者的六个关注点（行业发展前景、企业提供的福利待遇、企业能提供的发展空间、企业的培训体系、企业的硬环境、企业的软环境），我们要为每个关注点编写一个故事。故事的主体结构相当于骨骼框架，包括故事的背景、矛盾冲突和解决方案，解决方案就是企业制定的政策、制度、措施。有了骨骼框架之后，为了让人体更加丰满，我们还要给它添上肌肉，即为了矛盾冲突设置一定的人物角色。这就是故事编写的三个结构。利用这三个结构，我们可以编写一个很好的故事。这个故事可以以文字的形式传播，也可以做成脚本，拍成视频进行传播。

```
┌─────────────────────────────────────────────────────────────┐
│  ┌─────────┐   ┌───────────────────────────┐   ┌─────────┐  │
│  │ 主题、  │   │       主体结构            │   │ 人物    │  │
│  │ 目的    │   │（故事的背景＋矛盾冲突＋    │   │ 角色    │  │
│  │         │   │      解决方案）           │   │         │  │
│  └────┬────┘   └─────────────┬─────────────┘   └────┬────┘  │
│       ↓                      ↓                      ↓       │
│   ┌───────┐             ┌─────────┐             ┌───────┐   │
│   │ 大脑  │             │ 骨骼框架│             │ 肌肉  │   │
│   └───────┘             └─────────┘             └───────┘   │
└─────────────────────────────────────────────────────────────┘
```

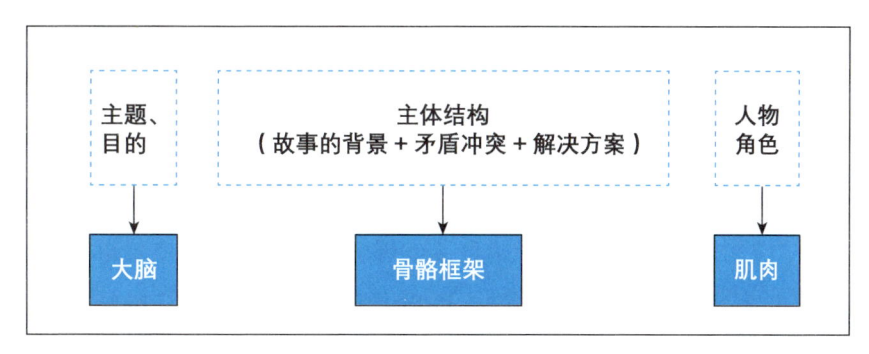

图 4-1　故事编写的三个结构

编写故事的主体结构时，一般细分为四个步骤（SCQA）：背景介绍（Situation）、发生冲突（Complication）、提出问题（Question）、给出答案（Answer）。根据具体情况，可以省略其中某个步骤。故事的主体结构有以下几种叙述顺序。

## 1. 平铺直叙式（SCQA）

平铺直叙就是从故事的背景引出矛盾冲突，提出问题，给出答案，从已知到未知。这是一种符合读者常规思维的叙述顺序。

> 从前，有一位公主，她的皮肤像雪一样白，眼睛像炭一样黑，于是国王给她取名白雪公主。可是，白雪公主出生没多久，她的生母就死了。国王重新娶了一位王后，他不知道这个女人是巫婆变的。王后有一面魔镜，魔镜告诉她，世界上最美的女人不是她，而是白雪公主。王后很生气，决定杀死白雪公主。

我们将这段话进行拆分，可以看到：

背景介绍：从前，有一位美丽的白雪公主。

发生冲突：白雪公主的美丽让王后怀恨在心，她决定杀死白雪公主。

提出问题：王后打算用什么方法杀死白雪公主？最后杀死了没有？

按照这种逻辑思考，只要提出问题，读者就会立刻想要找到答案。于是，整个故事就顺利地讲下去了。

### 2. 开门见山式（ASC）

开门见山就是在故事一开始直接呈现解决方案，即我要告诉你什么观点或方案，然后再从背景出发，逐步讲解冲突。开门见山的结构是这样的：答案—背景—冲突。

比如，你向领导汇报上周的工作，可是你并没有完成。这时，你不要撒谎，用开门见山的方式实话实说："经理，您上周交给我的任务我还没完成，但您放心，我这周会合理安排时间，尽快保质保量地完成您交给我的任务（A）。您知道，上周公司在准备ISO9000体系外审，我作为公司质量体系内审员，必须在外审人员进驻公司前完成外审资料的整理（S），所以在时间安排上有些冲突（C），没能及时完成您交给我的任务。"

### 3. 突出矛盾与冲突式（CSA）

我们知道，一个故事里最重要的部分就是矛盾与冲突，只有矛盾与冲突才能把故事推向新的发展阶段。同样，在讲故事时，我们如果先把矛盾与冲突摆出来，就会为读者制造悬念或者营造紧张的气氛，紧紧抓住读者的眼球，吸引他们读下去。突出矛盾与冲突的结构是这样的：冲突—背景—答案。

这一对话场景我们在医院里经常能看到：

医生："哎呀，你这病挺严重的（C）。有一种最新的药可以治你这病（S），但是比较贵（A）。"

很多病人听到这样的话，再贵的药也会买，因为治病要紧。

### 4. 突出信心式（QSCA）

先把问题抛出来，让大家思考，然后就背景进行分析，肯定过去所取得的成就，接着说出冲突，最后提出问题的解决方案。这样的铺垫和过渡足以让读者心平气和地接受自己的方案。突出信心的结构是这样的：提问—背景—冲突—答案。

埃隆·马斯克在宣布他的火星移民计划时曾用到这一表述方式：

今天全人类面临的最大威胁是什么？（Q）

在过去的几十年，科技高速发展，人类拥有的先进武器已经足以摧毁地球几十次了。（S）

我们拥有了摧毁地球的能力，却没有逃离地球的方法。（C）

所以，我们今天面临的最大威胁是没有移民外星球的科技。我们公司，将致力于私人航天技术的研究，在可预见的将来，实现火星移民计划。（A）

SCQA结构可以用在日常表达中的方方面面，我们不必按照固定的顺序，要灵活应用。重点在于，我们在正式表达时要明白自己为什么这样说。通过刻意练习，我们可以逐步加强表达的准确性和针对性，全面提升表达能力。

为了更好地理解与学习SCQA，我们试着将下面一段文字按照SCQA的结构进行分解，然后再转化为开门见山式、突出矛盾与冲突式和突出信心式的表达结构。

智能手机的普及虽然方便了我的社交，有利于我开展工作，但同时让我有些沉迷于手机。我会时不时地打开微博、微信、淘宝等，这让我的时间更加碎片化，注意力变分散了。那么，我该如何摆脱这种困境，摆脱对手机的依赖呢？我可以关掉手机通知提醒，在该专注的时候打开勿扰模式,只在规定的时间段内看半个小时手机。

### 1. 平铺直叙式

智能手机的普及虽然方便了我的社交,有利于我开展工作,(S)//但同时让我有些沉迷于手机。我会时不时地打开微博、微信、淘宝等,这让我的时间更加碎片化,注意力变分散了。(C)//那么,我该如何摆脱这种困境,摆脱对手机的依赖呢?(Q)//我可以关掉手机通知提醒,在该专注的时候打开勿扰模式,只在规定的时间段内看半个小时手机。(A)

### 2. 开门见山式

我要关掉手机通知提醒,在该专注的时候打开勿扰模式,只在规定的时间段内看半个小时手机。(A)//智能手机的普及虽然方便了我的社交,有利于我开展工作,(S)//但同时让我有些沉迷于手机。我会时不时地打开微博、微信、淘宝等,这让我的时间更加碎片化,注意力变分散了。(C)

### 3. 突出矛盾与冲突式

我有些沉迷于手机,会时不时地打开微博、微信、淘宝等,这让我的时间更加碎片化,注意力变分散了。(C)//虽然智能手机的普及方便了我的社交,有利于我开展工作,(S)//但是我要关掉手机通知提醒,在该专注的时候打开勿扰模式,只在规定的时间段内看半个小时手机。(A)

### 4. 突出信心式

我该如何摆脱沉迷手机的困境，摆脱对手机的依赖呢？（Q）// 智能手机的普及虽然方便了我的社交，有利于我开展工作，（S）// 但同时让我有些沉迷于手机。我会时不时地打开微博、微信、淘宝等，这让我的时间更加碎片化，注意力变分散了。（C）// 我要关掉手机通知提醒，在该专注的时候打开勿扰模式，只在规定的时间段内看半个小时手机。（A）

彼得·古贝尔（Peter Guber）曾说："讲述令人信服的故事是促成生意的最好方式。"所以，我们不要吝啬去讲一个故事，如果它不能让人产生共鸣，那么请尝试另一个。无论作为营销人员开展营销工作，还是作为招聘人员开展招聘工作，讲故事水平的高低在很大程度上影响着业绩的好坏。作为招聘人员，在招聘工作中请务必讲好公司品牌的小故事，这将会给我们的招聘带来意想不到的惊喜。

第五章

# 走心招聘：用户画像成就走心招聘文案

在营销界，大家经常讨论一个问题：对于营销人员来说，营销究竟是一门艺术还是一门技术？

营销既是技术，又是艺术。它首先是一门技术，因为它有章可循，有明确的逻辑流程和技巧。只有把营销技术的基本功打扎实，才能熟能生巧，上升到艺术境界。

招聘也是如此。

招聘就是一场营销。招聘文案相当于产品的宣传广告，其展现出的技术含量和营销能力，往往决定了招聘的效率、效果和质量。如果招聘文案没有亮点，招聘工作在起跑线上就输了。

## 第一节
## 身份聚焦：伯乐比驯马师更有价值

B公司正在召开经营分析会。

董事长王总阴沉着脸说："今天是7月5日，已经进入下半年了。就整个年度来说，时间过半，经营业绩也要过半。半年度经营报表都发放到各位手里了，你们看一下经营业绩完成了多少？当初你们要钱，要人，要政策支持，要购置设备，要扩大生产线，哪一点没有满足你们？缺资金，财务部想尽办法融到资金；生产设备以及生产线都按计划落实；缺人，人力资源部完成了招聘计划。各位，我们的业绩如此惨淡，问题究竟出在哪里？"

各职能部门负责人说："公司确实在资金、政策、生产设备方面都落实到位了，出现目前的业绩状况，既有客观原因，又有主观原因。拿招聘来说，从招聘人数上看，人力资源部确实完成了招聘计划，但招来的新员工在试用期内符合条件能转正的比例不高。即便那些转正的新人，大多也是矮子里面拔将军，与岗位的匹配度不高。我们的工作总要有人干，我们不得不用这些人。"

人力资源部的张总监说："人力资源部已经做了完善的岗前和在岗培训方案，并且正在按计划推进实施。"

各职能部门负责人又说："的确，你们人力资源部在积极培训，看起来很忙，可为何不在人员筛选环节上下点儿功夫，招到适合的人呢？尽管培训可以提升员工的技能，完善员工的知识结构，但目前新人成长的速度太慢了。这让我们的工作很被动啊。"

人力资源部张总监无言以对。

对于招聘来说，人力资源部与其做驯马师，不如做伯乐，找对人比做对事更重要。《从优秀到卓越》的作者吉姆·柯林斯说过，商界人士最重要的决定不是如何做事，而是如何聘人。"事"是指你采取什么措施、提供哪些产品和服务、运用哪些流程等；"人"是指在合适的岗位上为你做"事"的人。作为职业经理人，我们必须清楚在各个岗位上什么样的人能出业绩，甚至创造奇迹，什么样的人会成为麻烦制造者。包括人力资源经理在内的很多职业经理人，都把时间花在解决无穷无尽的烦心"事"上，甚至乐此不疲，以为这样就可以推进工作。实际上，只关心"事"会增大你的压力，让你分身乏术。让正确的人做正确的事比出了事再补救更重要！

网上有这么一个段子：

在一个EMBA（高级管理人员工商管理硕士）总裁班上，老师问了一个问题：如何让母猪上树？

一个学员率先给出一套方案，方案包含四个子方案：方案一，给出美好的愿景，告诉母猪，"你其实不是猪，而是一只猴子"，简称画饼；方案二，把树砍倒，让母猪趴在树上合影留念，简称山寨；方案三，告诉母猪，"如果你上不去，晚上摆全猪宴"，简称绩效；方案四，让母猪穿"特步"，特步特步，不走寻常路。这个方案有点儿恶搞，很多学员觉得不可行。

另一个学员又给出一套方案。这个学员在企业做人力资源总监，他通过任务分析、目标分解，将整个方案分成七个步骤：步骤一，先帮母猪减肥，让它达到健康的体重标准；步骤二，给母猪的四个蹄子都穿上钉鞋，这是为它提供工具；步骤三，先找一棵斜着生长的树，让母猪练习爬树，然后让它爬正常生长的树，这是循序渐进，由易到难；步骤四，了解母猪喜欢吃什么，这是了解它的目标，为后面激励措施的制定做准备；步骤五，在树干沿途放少量的食物，这是分解目标和过程激励；步骤六，如果母猪还爬不上树，就要分析原因并改进方法，这是评估完善；步骤七，如果母猪爬了上去，就给它一个奖励，这个奖励一定要符合它的喜好和目标。

听完这个方案后，很多学员说："高，太高啦，不愧是做人力资源的。"

又有学员说："老师，我们还有方案呢。"

老师赶紧说："你们不必说方案了，我先问你们另外两个问题。第一个问题，母猪真的能上树吗？第二个问题，我们要让动物爬上树，为什么一定要找猪，而不找猴子呢？"

我们与其费劲地训练母猪上树，不如直接找一只猴子。方法不对，努力白费；方法选对，事半功倍。我们如果招错了人，就会给工作带来无休止的麻烦，并且误聘成本非常高。美国斯玛特顾问公司曾经调研过多家企业，采访过多位商界人士，经过对一手数据的统计分析，得出了误聘成本及损失分析报告。分析报告以某些岗位为例，大致估算出的误聘成本为：主管岗位的误聘成本为该岗位基本薪酬的4倍；销售代表岗位的误聘成本为该岗位基本薪酬的6倍；中层经理岗位的误聘成本为该岗位基本薪酬的8倍；总监岗位的误聘成本为该岗位基本薪酬的15倍；总经理、

• 营销式招聘 •

副总经理岗位的误聘成本为该岗位基本薪酬的 27 倍。

这样的故事和数据值得我们思考：如何保证我们发布的招聘信息吸引来的是与岗位非常匹配的人呢？

《西游记》唐僧师徒四人中，谁最厉害？我们看一下取经团队的人员分工：

> 唐僧→领导者，目标明确，负责把握方向；
> 孙悟空→负责冲锋陷阵、降妖伏魔；
> 猪八戒→负责化缘；
> 沙僧→负责挑担喂马、后勤保障工作。

十万八千里取经之路，唐僧师徒历经九九八十一难。师徒四人齐心协力面对危难，最终取得真经，修成正果。从师徒四人的分工上看，好像孙悟空最厉害，在取经路上逢山开路、遇河架桥、降妖伏魔，猪八戒只能化缘，沙僧只能挑担喂马。如果把取经征途看作一家企业的运营，降妖伏魔如同市场开拓，化缘求斋如同物资供应，挑担喂马则是后勤保障，这些都属于企业经营不可或缺的环节。如果将团队重新进行分工组合，会是什么情形？

> 孙悟空→领导者，目标明确，负责把握方向；
> 唐僧→负责冲锋陷阵、降妖伏魔；
> 沙僧→负责化缘；
> 猪八戒→负责挑担喂马、后勤保障工作。

我们拿猪八戒和沙僧为例。猪八戒在化缘过程中经常吃闭门羹，敲开一户人家的大门，对方一看是妖怪模样，立即把门关上。猪八戒脸皮厚，没有太强烈的自尊心，遇到打击在自嘲中便可轻松化解，这家化缘不成，就再去下一家，因此总能完成任务。如果按照调整后的分工，让沙僧去化缘，看看会有什么结果。沙僧敲开一户人家的大门，对方一看是妖怪模样，立即把门关上。他再去敲一户人家的大门，对方一看是妖怪模样，又把门关上了。沙僧自尊心强，性格敏感，脸皮薄，连续吃两次闭门羹后，内心压力巨大，难以承受第三次打击，就会自我设限，没有勇气再次面对闭门羹了。这样一来，他化缘的任务就很难完成。

取经团队中谁最厉害？确切地说，师徒四人在各自岗位上都是高手。岗位不匹配，人才就会变成庸才。作为招聘人员，你如果要招一个化缘的人，就要确保招到的人是猪八戒；如果要招一个挑担喂马的人，就要确保招到的人是沙僧。

在招聘中，你能吸引什么样的人才，关键在于你的招聘文案。

## 第二节
## 好的招聘文案可以彰显公司的品牌

在进行招聘时，无论通过什么渠道，采取哪种方式，招聘人员都需要撰写招聘文案，发布招聘信息。一份好的求职简历能让用人单位迅速锁定求职者，同样，一份好的招聘文案也能吸引来优秀的员工。常用的招聘文案一般包括以下三种形式：招聘信息（简章）、招聘海报、招聘软文。三种形式互为补充，共同托起招聘工作。

按照传统标准，招聘信息通常由以下几部分构成：企业名称、企业简介、职位名称、招聘名额、职位描述、职位要求、条件、联系方式。我们来看一则招聘信息。

### ×××金属制品有限公司招聘简章

×××金属制品有限公司成立于2009年5月31日，位于昆山市陆家镇，主营业务为：金属冲压件、金属模具零配件的生产、加工及销售；精密型、普通型电子元件的销售；货物及技术的进出口。我们具有丰富的五金冲压产品生产经验、良好的工程业绩及完善的售后服务，一直以来备受客户好评。我们追求的是为广大客户提供具有世界领先水平的产品及相关优质服务。

招聘职位如下：

1. 总经理助理：年龄25～35岁，英语四级以上，会办公软件，有两年以上工作经验，责任心强，有上进心。

2. 会计：年龄25～30岁，懂专业知识，会办公软件，需持有初级会计资格证，有两年以上行业工作经验，责任心强。

以上岗位薪酬面议。

公司提供待遇如下：

1. 入职后，公司缴纳社保；

2. 转正后，办理年度调薪，每年度至少调薪一次；

3. 在公司工作满一年，即可享受年假（全薪）；

4. 业余生活设施齐全，附有台球桌、篮球场、咖啡厅、图书室；

5. 公司提供免费工作餐、免费住宿，冷热水齐全，并且配备空调；

6. 试用期满后，公司为寿星员工提供200元生日礼金。

这份招聘简章欠缺对岗位职责的描述。补充之后，这份招聘简章中规中矩，看不出明显缺陷。但实际上，招聘效果比较差。

社会化媒体时代，招聘已经融入了社会化营销的链条中，招聘文案不能再像过去一样仅仅是简单的描述。走心、亮眼、具备营销功能的招聘文案才能提高招聘的效率，更有利于招到更精准的人才。什么样的招聘文案算是走心、亮眼、具备营销功能的招聘文案呢？它应该符合哪些标准呢？

在当前的营销环境下，酒香也怕巷子深。普通产品通过营销策略可能会战胜优质产品，但普通营销文案无法战胜优质营销文案。社会对企

• 营销式招聘 •

业品牌的认知、客户对产品或服务的认同和忠诚，很大程度上依赖品牌定位与形象，而品牌定位与形象则需要通过营销文案进行传播。

优秀的营销文案必须具备这些特点：精准的受众定位，一击即中的用户需求揭示，直接明了的目标导向。具体来说，它要遵循 AIDA 法则[①]：

A（Attention）——引起目标客户对广告的注意；
I（Interest）——激发目标客户对产品的兴趣；
D（Desire）——激起目标客户的购买欲望；
A（Action）——鼓励目标客户积极采取购买行动。

优秀的营销文案必然从目标客户的关注点出发，通过各种形式让目标客户知道并相信，他的需求能够被满足。高效招聘如同打造畅销产品，也需要好的文案。

在撰写招聘文案前，我们首先要清楚三点：第一，知道文案是写给谁看的，即精准目标客户是谁。所谓精准目标客户，就是借助用户画像技术找到的目标客户。第二，知道什么样的岗位和福利待遇的描述会使目标客户看完后心动。第三，知道通过哪些媒体发布信息，因为不同媒体文案要求不一样，比如纸质海报或报纸，由于尺寸或版面有限，文案字数不能太多，要做到岗位突出、招聘要求和待遇明确、企业优势简洁精准；网络媒体不受字数限制，可以描述得详细些；微信海报、H5[②] 等则强调设计的艺术性和新颖性。

无论是做营销还是做招聘，优秀的文案都至关重要，文案水平直

---

① AIDA 法则：也称"爱达公式"，是海因兹·姆·戈德曼提出的推销公式。
② H5：指 HTML5，第五代 HTML，是构建以及呈现互联网内容的一种语言方式。

接决定了招聘效率和质量。那么，招聘文案都包括哪些内容？

具体来说，招聘文案包括发布的招聘信息，招聘视频脚本，校园招聘会的宣讲词，面向求职者所做的企业介绍，宣传推广所用的企业故事和软文等。要想写出一篇走心的文案，我们就必须遵循 FAE 结构原则。在 FAE 结构原则中，F 是关注点（Focus），即客户的需求；A 是优势（Advantage），即企业满足客户需求所具备的优势；E 是证据（Evidence），即企业满足客户需求所具备的优势的证据。

遵循 FAE 结构原则写招聘文案，首先，必须紧跟求职者的需求（F），以他们的关注点为文案的立足点，这样他们才会有兴趣和耐心看下去；其次，描述企业的资源和条件，充分向求职者展示出可以满足其需求的企业优势（A）；最后，拿出证据（E），比如相关的人、数据或相关资质证书等，证明企业优势的真实性。

我们拿某集团和交通银行的两个校园招聘视频来举例。

某集团的校园招聘宣传片脚本遵循了 FAE 结构原则，紧跟求职者的关注点，比如稳定性、晋升空间等，展示了企业完善的培训体系、科学而快速的三通道晋升机制、丰富的企业文化以及人性化的调配机制等，最后用量化的数据证实了员工的稳定性、广阔的晋升空间。按照 FAE 结构原则，这个宣传片一开

> **走心文案的核心——FAE 结构原则**
> F：关注点，客户的需求；
> A：优势，企业满足客户需求所具备的优势；
> E：证据，企业满足客户需求所具备的优势的证据。

始紧跟求职者的关注点，展示企业优势，然后用数据证明其优势。

> 该集团目前在职人员中大学生有 3456 人，2005—2007 届毕业生平均在职比例为 76.5%，平均晋升比例为 85.62%；2008—2011 届毕业生平均晋升比例为 66.21%……

2014 年的校园招聘宣传片拿 2005—2007 届毕业生的数据举例，10 年前左右的毕业生在职比例达 76.5%，说明员工的稳定性很强；晋升比例是 85.62%，说明晋升空间上的优势是真实可信的。

交通银行的校园招聘宣传片同样紧跟求职者的关注点，展示企业优势。宣传片记录了多名员工的学习与成长经历，同时将企业的发展优势穿插其中，让求职者看到交通银行完善的培训体系和科学严谨的晋升机制，最后用员工晋升的具体数据来证明，选择交通银行是实现个人理想的最佳途径。片中展示，上海总行的李昂，当年的管培生，入职 5 年后成为私人银行高级产品经理；湖北省分行的凌海珊，入职 6 年成为营运主管；上海软件开发中心的田亚伦，入职 4 年后成为信息技术工程师；山东省分行的赵倩倩，入职 3 年后成为客户服务经理……在证据环节，宣传片用一个个员工真实的晋升数据，证明了交通银行的优势是真实可信的。

尽管这两家企业在性质、规模、薪酬待遇上都有足够的吸引力，但制作的校园招聘宣传视频依然非常用心，严格遵循 FAE 原则来撰写脚本，拍摄制作。

反观那些没有严格遵循 FAE 结构原则制作的校园招聘视频，它们更像万能宣传片，领导视察时播放，招商会议时播放，客户参观考察时播放。宣传片中不乏慷慨激昂的语言、华丽的辞藻，但大学生并不关注这些；获得多少奖项、拥有多少专利，大学生也不关注；产品畅销几国、市场布局多广，大学生也没有多少概念。他们最关注的发展空间、晋升机制、培训体系和工作的稳定性等，恰恰是宣传片里缺失的。用一个宣传片来应对各种场景，以不变应万变，违反了FAE结构原则，这是不少企业在招聘中都存在的问题。

## 第三节
## 产品思维：做招聘如同打造爆品

企业在做营销的时候，只有通过市场调研，了解目标客户的痛点、需求，进而围绕产品特性有针对性地提炼出有别于竞品的独特卖点，才能跳出同质化竞争的红海，打造出爆品。招聘是高效卖职位、精准选人才的营销，不同类型的求职者，其关注点不一样。我们要运用打造爆品的思维，抓住目标人群的痛点、需求，把握不同岗位所需不同类型人员的关注点，在撰写招聘文案时，遵循FAE结构原则，充分展示出能满足目标人群需求的优势，从而把我们的"产品"——职位打造成爆品。

在FAE结构原则中，关注点（F）是最重要的，也是最难把握的。我们应当如何把握不同岗位所需不同类型人员的关注点呢？

我们来看一个真实的招聘案例。

C公司技术研发部需要招聘技术研发工程师5名，主要负责公司产品性能的改进、新产品研发、新产品小试及中试等。C公司人力资源部在招聘网站发布了招聘信息：

**C公司诚聘**

C公司是一家以土工材料为核心业务，相关业务多元化运营发展，集研发、制造、销售于一体的高新技术企业。公司成立于2005年，现有员工856人……

公司现招聘技术研发工程师5名。

一、岗位职责

1.制订产品的研发计划，落实研发计划的执行，保证项目的进度；

2.组织研究行业最新产品的技术发展方向，对公司的技术发展方向提出建议；

3.主持新产品的设备选型、试制、改进以及生产线的布局等工作；

……

二、岗位要求

1.5年以上土工布、复合土工膜、防水毯、格栅、扁丝编织土工布等防水防渗材料研发及生产管理工作经验；

2.有专利申请经验，熟悉专利申请流程，能够编写专利申请材料；

……

三、薪酬及福利待遇

年薪6万～10万元，具体薪酬面议；公司缴纳五险一金，提供住宿，提供免费午餐；按法定节假日休息；工作满一年享受带薪年假。

四、联系方式

电话：010-××××××××，186××××××××

这则招聘信息中规中矩，和大部分企业的招聘信息大同小异。事实上，他们的招聘效果非常差。本来他们要招5名技术研发工程师，但是两个月过去了，仅仅有两个人来面试，并且面试者的条件都不理想，不太符合企业的用人需求。后来，人力资源部对招聘信息修改后重新发布，招聘效果大有改观，仅仅用两个半月的时间就把技术研发工程师招齐了，并且他们都很优秀。

这则招聘信息有三点需要优化。

1. 明确的、具有诱惑力的薪酬，量化的考核指标，明确的责权利。

首先，要写出明确的、具有诱惑力的薪酬。原招聘信息中薪酬标准是 6 万~10 万元，跨度太大，究竟需要满足什么样的条件是 6 万元，满足什么样的条件是 10 万元？要有明确的标准。其次，薪酬标准有了，员工如何拿到对应的薪酬？你要告知具体的量化考核指标。最后，要明确责权利，员工在工作中的自主权有哪些。

2. 广阔的晋升空间和具体的晋升路径，健全的福利和休假制度，完善的工作流程、管理制度和保障措施。

首先，要表明技术研发工程师具有广阔的晋升空间，同时将具体晋升路径写清楚；其次，要明确公司健全的福利及休假制度，简单介绍一下技术研发工程师的工作目标、工作标准、工作流程以及管理制度，同时写明工作的保障措施。

3. 公司对技术研发的重视程度，对技术研发工程师的尊重、肯定的评价，技术研发工程师的工作稳定性。

公司对技术研发如何重视，对技术研发工程师如何尊重以及如何给予技术研发工程师肯定的评价，技术研发工程师的工作稳定性如何，这都要用具体的语言描述出来。

人力资源部把需要优化的这三点融合在企业简介、岗位简介、福利待遇简介里。修改后的招聘信息见本章第五节。

当然，不同岗位所要求的人员类型不一样、对应的求职者的关注点不一样，招聘文案的侧重点也不一样。我们在撰写招聘文案时，如何把握不同类型求职者的关注点呢？具体的工具与方法，我将在下一节中说明。

## 第四节
## 成交思维：掌握求职者的成交决策逻辑

在市场营销中，客户决定购买一种产品或服务时，潜意识中有一个决策逻辑在发挥作用：该产品或服务有哪些鲜明特点，这些特点是否能解决我的痛点、满足我的需求；企业具备哪些资源优势，能否提供持续的保障；企业宣传的内容里有多少是有据可查的，是否真实可信？只有解决这些疑问，客户才能够与我们成交。客户对企业认同度越高，黏性越强，忠诚度越高。

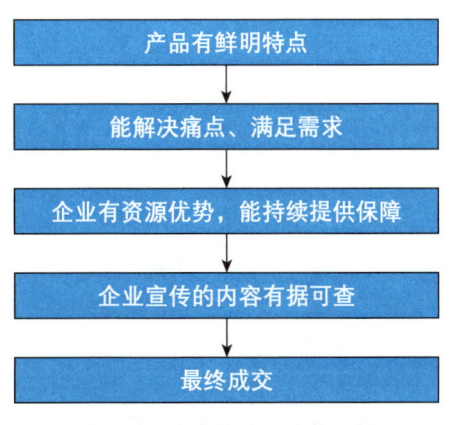

产品有鲜明特点
↓
能解决痛点、满足需求
↓
企业有资源优势，能持续提供保障
↓
企业宣传的内容有据可查
↓
最终成交

图 5-1 消费者购买决策逻辑

同理，根据消费者购买决策逻辑，在招聘工作中，求职者看到企业发布的招聘信息后，是否投递简历、是否前来面试、面试后是否入职，其决策逻辑是：该企业与其他企业相比，有哪些优势；提供的薪酬待遇、发展空间等条件能否满足自己的需求；企业描述内容的真实性能否被验证？求职者只有解决这些疑问，才能入职到岗。

不同类型的人有不同的需求，我们应该借助哪些方法去了解不同岗位所需员工的类型？用什么方法去掌握不同类型员工的需求？又该如何满足他们的需求呢？

在第四章，我们重点讲了如何运用用户画像技术寻找合适的池塘。在第五章这一节，我们将具体展开讲述如何运用用户画像技术了解目标用户的心理属性等隐形画像。掌握这个方法，可以让招聘文案四步成型。

根据求职者的决策逻辑，招聘文案的编写过程大致分为四步：第一步，岗位"心电图"扫描；第二步，岗位所需人员类型定位；第三步，岗位所需人员需求的识别及满足；第四步，招聘文案成型。

| 1 岗位"心电图"扫描 | 2 岗位所需人员类型定位 | 3 岗位所需人员需求的识别及满足 |
|---|---|---|
| ·针对岗位职责设计问卷<br>·岗位人选应具备的技能、行为标准、行为习惯 | 确定岗位所需人员的精准类型 | 列出不同类型人选的喜好，能接受的沟通方式和激励方式 |

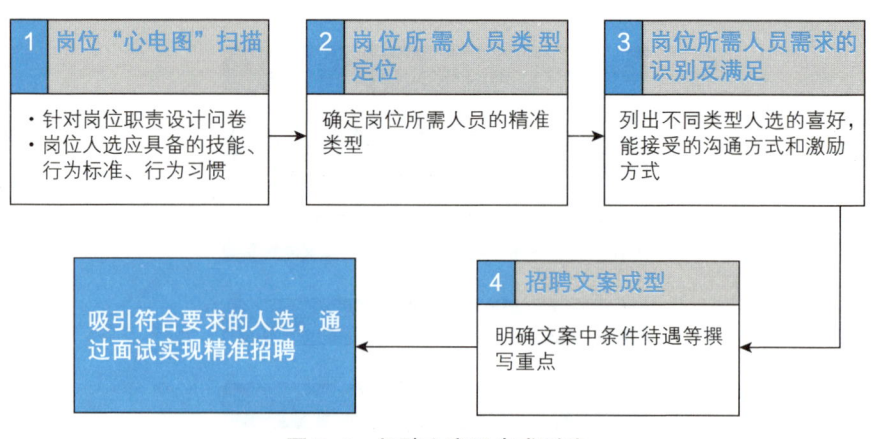

| 吸引符合要求的人选，通过面试实现精准招聘 | 4 招聘文案成型 |
|---|---|
| | 明确文案中条件待遇等撰写重点 |

图5-2　招聘文案四步成型法

## 1.岗位"心电图"扫描

岗位"心电图"扫描就是我们设计好一套精准的问卷，由符合一定条件的人群根据问卷对岗位职责进行逐一筛检，筛检出该岗位人选需要具备的技能、行为标准和行为习惯。全部筛检完后，我们就可以总结出这个岗位的人选应该具备的技能、行为标准和行为习惯。

### 2. 岗位所需人员类型定位

根据岗位"心电图"扫描得出的结果，利用设计好的 Excel（电子表格软件）小程序，就可以推导出该岗位所需人员的类型。

### 3. 岗位所需人员需求的识别及满足

对岗位所需人员类型定位后，利用小程序推导出该类人员的需求（个人喜好、能接受的沟通方式和激励方式），说明能用哪些措施、制度来满足。

### 4. 招聘文案成型

明确了岗位所需人员的需求，也就找到了招聘文案撰写的重点。遵循 FAE 的结构原则，将其呈现出来，最终形成招聘文案。

要想实现精准招聘，招聘文案的撰写重点必须紧抓该岗位所需人员的需求；要想抓住目标人员的需求，就必须知道目标人员属于哪种性格类型；要想知道他们属于哪种性格类型，哪种类型的员工适合该岗位，就必须对岗位进行"心电图"扫描。这就是根据以终为始的原则，一环扣一环、一步步倒推出来的步骤。这样写出来的招聘文案直击目标人员的痛点，招聘到岗的最终人选一般情况下是精准的。

在招聘文案四步成型法中，有两个关键的问题需要解决：

第一，在岗位"心电图"扫描环节，我们应该如何设计问卷。或者说，我们应该设计什么样的问卷，才能筛检出这个岗位的人选需要具备的技能、行为标准和行为习惯。

第二，筛检出该岗位人选需要具备的技能、行为标准和行为习惯后，我们如何分析推导出该岗位所需员工的类型。推导出员工类型之后，如何才能把握住其需求。

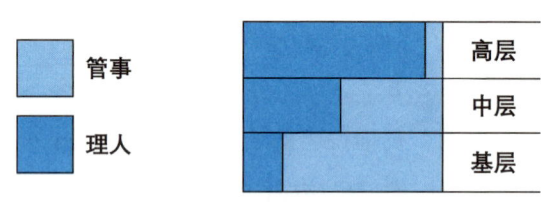

图 5-3 管理者层级能力结构图

人力资源管理人员要想在职业发展中做出成绩，晋升得更快、更高，就必须至少掌握一种性格测评工具。人力资源管理人员无论处于什么层次，处于什么级别，其工作的本质无非管事和理人，只不过处于不同的层级，管事和理人所占的比重不同。越往上发展，对人际交往、沟通协调技能的要求越高。招聘文案四步成型法的核心就是性格测评技术的具体应用。因此，我们要想根据求职者的决策逻撰写招聘文案，实现精准招聘，就必须至少掌握一种性格测评工具，如 PDP、DISC（一种行为测验，Dominance Influence Steadiness Compliance，简称 DISC）、迈尔斯—布里格斯类型指标（Myers‐Briggs Type Indicator，简称 MBTI）、九型人格等。

## 第五节

## 文案四法：只需四步，就能写出走心的招聘文案

这一节，我们利用PDP工具，结合第三节中C公司技术研发部招聘技术研发工程师的案例，按照招聘文案四步成型法逐一拆解分析。

第一步，岗位"心电图"扫描。岗位"心电图"扫描有两个重点：一是要设计一份问卷；二是问卷设计出来之后要组织一定的人员进行问卷调查。

如何设计问卷？PDP将人分为老虎、孔雀、猫头鹰、考拉和变色龙五种性格类型。设计问卷时，我们首先要知道主性格类型属于老虎的人在工作中的行为特点和思维习惯，然后根据这些行为特点、思维习惯推导出几个问题；以此类推，对主性格类型属于孔雀、猫头鹰、考拉的人同样推导出几个问题[1]；最后将这些问题组合在一起，就形成了一份调查问卷（如下页表格5-1）。

如何选择参与问卷调查的人员？我们招聘哪个岗位，就选取对该岗位特别熟悉、和该岗位经常打交道的人来参与问卷调查。

如何实施问卷调查？确定了参与问卷调查的人选后，我们就可以组织问卷调查。每个人按照问卷上的28个问题，对要测评的每项岗位职责进行

---

[1] 因变色龙是四种性格类型的综合体，没有突出的个性，故不对其设置问题。

### 表 5-1 岗位"心电图"扫描调查问卷赋分

岗位名称：_____

| 题号 | 题目 | 分数 |
| --- | --- | --- |
| 1 | 要求收集与分析资料 | 2 |
| 2 | 要求具有说服别人的能力 | 4 |
| 3 | 要求不需要监督而有能力承担责任 | 2 |
| 4 | 要求有能力在信息不足或其他特殊的情况下做决定 | 3 |
| 5 | 要求善于沟通，对待工作热心、积极 | 1 |
| 6 | 要求严格按照标准完成工作，并且产生绩效 | 4 |
| 7 | 要求精准处理每日例行工作 | 1 |
| 8 | 要求容忍度高、有耐心、稳健 | 5 |
| 9 | 要求有分析力和创新力 | 3 |
| 10 | 要求有微观的工作成效，而不是宏观的工作成效 | 5 |
| 11 | 要求具有激励他人去行动的能力 | 3 |
| 12 | 要求有能力去改善现有的工作环境 | 4 |
| 13 | 要求极具亲和力，具有良好的人际关系 | 4 |
| 14 | 要求有坚定的原则，决断力强，能独立自主处理事情 | 3 |
| 15 | 要求善于沟通，了解他人的问题和需求 | 1 |
| 16 | 要求乐观且可信赖 | 1 |
| 17 | 要求有信心去做不受欢迎的决定 | 3 |
| 18 | 要求遵守制度和规矩 | 4 |
| 19 | 要求性格外向，善于社交 | 1 |
| 20 | 要求有纪律性，并且充满爱心 | 3 |
| 21 | 要求具有合作精神，愿意做出调整 | 1 |
| 22 | 要求掌控全局，把握细节 | 4 |
| 23 | 要求有想要赢的强烈欲望 | 2 |
| 24 | 要求愿意聆听别人的烦恼 | 3 |
| 25 | 要求按照一定的步调有效率地工作 | 3 |
| 26 | 要求客观地评估别人 | 5 |
| 27 | 要求在工作中严谨细致，有查缺补漏的习惯，有不同见解 | 1 |
| 28 | 要求在工作中大刀阔斧，一切都要为达成目标让步 | 4 |

填表人：_____
公　司：_____
部　门：_____
职　务：_____

评价，确定要想胜任岗位工作、圆满完成工作任务，该岗位人员需要具备哪些技能、行为标准和工作习惯等，最终得出各项分数。赋分示例见表5-1。

C公司人力资源部组织了技术研发部4人、生产管理部3人、质检部3人，成立了问卷调查小组，对技术研发工程师岗位进行岗位"心电图"扫描问卷调查（调查问卷答题卡见附录二）。将问卷调查小组每个成员的分数进行加权平均，其中技术研发部成员权重为60%，生产管理部和质检部成员权重为40%。

第二步，将每个人的问卷调查答案输入Excel小程序，系统会自动分析判断出该岗位所需人员的性格类型，是属于猫头鹰、孔雀、老虎、考拉中的一种（其中一种类型的分数特别高，其他类型的分数均较低），还是属于变色龙（四种类型的分数都差不多），抑或属于老虎+猫头鹰、孔雀+老虎等这种复合类型（其中两种类型的分数特别高，另外两种类型的分数均较低）。

对问卷调查分数进行加权处理，系统自动分析判断出该岗位所需人员的类型。分数排序代表该岗位所需人员类型匹配度的强弱顺序。C公司技术研发工程师岗位最匹配的人员类型为"猫头鹰+老虎"，而最不匹配的类型为孔雀。

表5-2　求职者类型测评结果

| 排名 | 得分 | 类型 |
| --- | --- | --- |
| 第一位 | 25 | 猫头鹰 |
| 第二位 | 23 | 老虎 |
| 第三位 | 8 | 考拉 |

| 第四位 | 5 | 孔雀 |
|---|---|---|
| 平均分 | \multicolumn{2}{c}{15.25} |

| 第四位 | 5 | 孔雀 |
|---|---|---|
| 平均分 | 15.25 | |

第三步，Excel小程序自动提供不同类型人员的特质、需求等。下面以猫头鹰型人员与老虎型人员为例进行说明。

### 1. 猫头鹰型人员的典型特点

（1）特质优势

①遵从规则，很注重规范化的工作流程和制度；②追求完美，注重专业化，工作严谨、细致，专注于细节，不轻易犯错；③能很好地对事务进行监督检查，结构分析能力强，具有强烈的风险管控意识，能确保自己完成的工作有较好的品质；④责任感强，对自己认同的组织或团队非常忠诚；⑤做事讲究公开、公正、公平。

（2）认同的沟通方式与激励方式

①安排任务要有明确的方向、确定的流程细节；②有根有据，符合规则，避免朝令夕改；③避免与其进行争执与冲突；④不要用批评的语气说话，他们不喜欢批评；⑤给予应有的赞赏和尊重；⑥需要适当而实质的经济奖励。

（3）需提升的地方

猫头鹰型人员的特质是除非经过实证，否则会持有存疑态度，因此猫头鹰类型的管理者要注意授权给团队成员，同时不要过于在意他人的看法。

### 2. 老虎型人员的典型特点

（1）特质优势

①专注于工作目标，以结果为导向，注重事情的价值和成效；②勇于竞争，敢于接受挑战和承担责任；③主导性强，善于抓住事情的关键；④看重自己能力的发挥；⑤善于解决复杂的问题，用自己的方式解决问题，独立自主开展和完成工作。

（2）认同的沟通方式与激励方式

①重点讲他们觉得有价值的事；②提供简明的信息；③他们对自己和别人要求很高，而且比较果断，因此与他们沟通时要以目标为导向，直截了当，不要拖泥带水；④他们具有较强的掌控欲，好胜心强，因此与他们沟通时要多肯定和表扬。

（3）需提升的地方

①要注意个人目标与公司目标保持一致；②避免过于强势。

总结：C公司技术研发工程师需要的人员特质，有强烈的目标感、以结果为导向；敢于接受挑战，能啃硬骨头；注重流程的规范性，工作严谨细致，具有风险防控意识。

第四步，Excel小程序自动提供该岗位招聘文案的撰写重点。

表5-3 招聘文案撰写重点

| 1 | 具有规范完善的工作流程和管理体系 |
|---|---|
| 2 | 具有明确的技术研发时间进度和目标 |
| 3 | 实行项目负责制，责权利明确 |
| 4 | 具有科学的晋升通道、明确的晋升条件 |
| 5 | 具有完善的福利制度、丰厚的薪酬 |
| 6 | 具有完善的培训规划、大量外训学习机会 |
| 7 | 具有和谐向上的工作氛围和企业文化 |

根据Excel小程序提供的招聘文案撰写重点，我们将表5-3中的7个重点融合在企业简介、招聘要求、可提供的福利待遇等内容里，写出最终的招聘文案，同时围绕宣传目标，利用海报、软文等形式进行详尽展示，增强求职者的认同度和信任度。

• 营销式招聘 •

## C公司高薪诚聘技术研发工程师

C公司是一家以土工材料为核心业务，相关业务多元化运营发展，集研发、制造、销售于一体的高新技术企业。公司成立于2005年，现有员工856人……公司为国家级高新技术企业，和国内多家科研院所建立产学研合作关系，经政府批准，公司创建了院士工作站、省级土工材料检测鉴定中心、省级新材料技术研发中心；拥有国家发明专利68项、实用新型专利135项，荣获××省科技进步奖8项，公司实现年产值26.8亿元，新技术投产市场转化率达85.3%，占年产值的78.2%。

公司技术中心实行项目负责制，分工明确，有充分的工作自主权，有科学合理的工作考核机制、规范的工作流程和管理体系；研发团队稳定而富有朝气，近5年技术研发人员流动率为1.2%；技术中心有科学的晋升体系和完善的培训体系，每年分批次公派工程师赴科研院所带薪学习；技术中心多人先后荣获国家、省部级及公司荣誉称号。

公司技术中心现高薪招聘技术研发工程师5名。

一、岗位职责

1.制订产品的研发计划，落实研发计划的执行，保证项目的进度；

2.组织研究行业最新产品的技术发展方向，对公司的技术发展方向提出建议；

……

二、岗位要求

1.5年以上土工布、复合土工膜、防水毯、格栅、扁丝编织土工布等防水防渗材料研发试验及生产管理工作经验；

2.有专利申请经验，熟悉专利申请流程，能够编写专利申请材料；

……

三、薪酬及福利待遇

（一）技术研发工程师收入结构为基本薪酬＋绩效薪酬＋年度奖金。

1. 技术研发工程师的基本年薪实行技术等级评聘薪酬制。其中研发技术员的基本年薪为6万～8万元；初级研发工程师的基本年薪为8万～10万元；中级研发工程师的基本年薪为10万～15万元；高级研发工程师的基本年薪不低于18万元。（平均调薪周期为8个月，平均调薪比例为15%左右。）

2. 根据在项目中的分工及研发进度，享有基本年薪20%的岗位绩效年薪。

3. 年度奖金：新技术投放市场后，技术研发工程师按照销售业绩享有一定比例的年度奖金。

（二）公司福利体系健全，缴纳六险一金，免费提供单身公寓或享有购房补贴，公司有餐厅，提供免费午餐；工作满一年后，按入职年限享受带薪假；婚丧嫁娶等有宽松的假期和相应的经济补助。

（三）公司严爱相济，着力营造浓厚的亲情文化，崇尚开放而顺畅沟通的管理风格，定期组织丰富而富有成效的团建活动。

四、联系方式

电话：010-××××××××，186××××××××

微信：××××××××（请添加微信，更进一步了解公司）

最后讲一下校园招聘会的宣讲词。

企业在进行校园招聘宣传时，必须围绕着大学生的关注点进行宣讲，否则就无法吸引他们。那么，大学生的求职关注点有哪些呢？这些关注点的重要性在大学生心理认知中是如何排序的呢？

根据某知名调研机构的调研结果，大学生的主要关注点有五个：排在

· 营销式招聘 ·

第一位的不是薪酬及福利待遇,而是工作稳定性;排在第二位的是薪酬及福利待遇;排在第三位的是行业发展前景;排在第四位的是个人的发展空间;排在第五位的是培训体系。知道了这五个关注点以及重要性排序,我们就可以设计出简洁而极具吸引力的企业介绍文本。

举例来说,某企业招聘人员去高校做宣讲时这样说:

> 各位同学,你们好!我们公司主要从事××行业(从国家宏观政策及行业趋势方面来说明行业发展的前景)。公司成立于2010年,共有员工258人,其中工作8年以上的员工有246人,员工转正后离职率为2.1%(数据说明员工的稳定性,也从侧面说明公司的福利待遇不错)。公司有科学规范的晋升通道,新员工晋升为主管的平均时间为8个月,主管晋升为经理的平均时间为11个月,从入职到晋升为总监的平均时间为4.8年(数据说明晋升的空间广、晋升的速度快)。公司实施领先型薪酬策略,各岗位平均薪酬均居行业领先水平。我们的福利体系也很完善,主管享受××待遇,经理享受××待遇,总监享受××待遇(说出具体的薪酬及福利待遇,使其更为可信)。为确保员工的发展及晋升机制的实施,公司有完善的培训体系、立体化的培训形式,人均培训时间为每年11.4天(数据说明公司培训体系的完善)。
>
> 今天,和我一起来到现场的还有各位的学长、学姐。下面有请他们和同学们交流一下在我们公司工作的经验和体会。

校园招聘时,如果有该校的毕业生现身说法,就会更具有说服力。上文的情景模拟,虽然字数不多,但是每一句话、每一个字都针对大学生的关注点,都给关注点提供了可靠的证据,从而让学生们更相信公司的优势,更相信公司的资源和条件能够满足其需求。

# 附　录

## 一、岗位"心电图"扫描调查问卷

（一）使用说明

1.分析所招聘岗位的工作职责，围绕着岗位职责用28个问题分析判断岗位人员要胜任岗位工作、圆满完成工作任务需要具备哪些工作技能、行为标准和工作习惯等。

2.在进行岗位"心电图"扫描时，问卷调查参与者要根据岗位核心职责逐一回答如下28个问题，每个问题按照符合程度给予1～5分的评分，越符合，分数越高。

3.可以组成评估小组，由小组成员共同评分，然后将评分结果加权平均，得出最终分数，输入评估系统。

（二）测评题目

1.要求收集与分析资料

2.要求具有说服别人的能力

3.要求不需要监督而有能力承担责任

4.要求有能力在信息不足或其他特殊的情况下做决定

5.要求善于沟通，对待工作热心、积极

6.要求严格按照标准完成工作，并且产生绩效

7.要求精准处理每日例行工作

8. 要求容忍度高、有耐心、稳健

9. 要求有分析力和创新力

10. 要求有微观的工作成效，而不是宏观的工作成效

11. 要求具有激励他人去行动的能力

12. 要求有能力去改善现有的工作环境

13. 要求极具亲和力，具有良好的人际关系

14. 要求有坚定的原则，决断力强，能独立自主处理事情

15. 要求善于沟通，了解他人的问题和需求

16. 要求乐观且可信赖

17. 要求有信心去做不受欢迎的决定

18. 要求遵守制度和规矩

19. 要求性格外向，善于社交

20. 要求有纪律性，并且充满爱心

21. 要求具有合作精神，愿意做出调整

22. 要求掌控全局，把握细节

23. 要求有想要赢的强烈欲望

24. 要求愿意聆听别人的烦恼

25. 要求按照一定的步调有效率地工作

26. 要求客观地评估别人

27. 要求在工作中严谨细致，有查缺补漏的习惯，有不同见解

28. 要求在工作中大刀阔斧，一切都要为达成目标让步

## 二、岗位"心电图"扫描调查问卷答题卡

所在部门：_____  填写人：_____  填表时间：_____

| 岗位名称： | 1 | 2 | 3 | 4 | 5 | 6 | 7 | 8 | 9 | 10 | 11 | 12 | 13 | 14 | 15 | 16 | 17 | 18 | 19 | 20 | 21 | 22 | 23 | 24 | 25 | 26 | 27 | 28 | 加权平均 |
|---|---|---|---|---|---|---|---|---|---|---|---|---|---|---|---|---|---|---|---|---|---|---|---|---|---|---|---|---|---|
| 职责1 | | | | | | | | | | | | | | | | | | | | | | | | | | | | | |
| 职责2 | | | | | | | | | | | | | | | | | | | | | | | | | | | | | |
| 职责3 | | | | | | | | | | | | | | | | | | | | | | | | | | | | | |
| 职责4 | | | | | | | | | | | | | | | | | | | | | | | | | | | | | |
| 职责5 | | | | | | | | | | | | | | | | | | | | | | | | | | | | | |
| 职责6 | | | | | | | | | | | | | | | | | | | | | | | | | | | | | |
| 职责7 | | | | | | | | | | | | | | | | | | | | | | | | | | | | | |
| 职责8 | | | | | | | | | | | | | | | | | | | | | | | | | | | | | |
| 职责9 | | | | | | | | | | | | | | | | | | | | | | | | | | | | | |

第六章

做好漏斗：用ECT工作法
精准筛选简历

"80后"女作家辛夷坞在《应许之日》中写道：扣子第一颗就扣错了，往往到最后一颗才发觉。在企业人力资源管理中，选对人比做对事更重要。选对人的前提是要精确筛选求职者的简历。如果我们在选人的第一步——简历筛选就有问题的话，等发觉了再去纠正，难度可想而知。

营销讲究成交的效能，即营销的效率和质量。由于行业不同、产品不同、业务不同，企业从通过引流发现大量的目标客户到与客户成交，周期不尽相同，有些成交周期比较长。此外，由于每个客户的实力、潜在需求量、与企业的匹配度存在差异，加之企业受人手所限，不可能花费同样的时间去跟进每个客户，在这种情况下，企业在对客户跟进维护时需要做好等级划分。客户的等级不同，销售人员跟进的频次和方式便不同。

一般情况下，企业会根据客户的实力、潜在需求量等条件将客户从高到低分为A、B、C三个等级。对于A类客户，企业要重点关注，尽可能当期成交或确保最终一定成交；对于B类客户，企业要适当减少关注，尽可能成交；对于C类客户，企业可以放弃或是随缘。

同样，在招聘工作中，我们也应该根据简历情况对求职者进行分级。对于不同等级的求职者，招聘人员花费的时间、精力以及沟通的频次、沟通的方式不尽相同。

## 第一节
## 简历筛查：排除具有隐患风险的地雷式求职者

人无远虑，必有近忧。企业招聘人员如果没有系统规划，就会一直处于救火状态。因此，有经验的招聘人员从来不把招聘看作是一次性事件或偶尔才做的工作，他们擅长有规划地不间断地搜寻人才，在岗位出现空缺迹象时就瞄准候选人。要想有计划地搜寻人才，就需要从简历筛选环节做好准备。简历筛选的工作，无论从其本身要求的技能还是从工作价值来说，看似简单，看似无足轻重，其实都不然。招聘人员要想高效、高质量地完成招聘工作，就必须在简历筛选环节做到快和准，不仅要搞清楚求职者的知识与技能是否符合岗位要求，并且要准确识别求职者的求职动机，洞察其真实的需求、过往经历、行为习惯以及与企业文化的契合度等。

简历的精准筛选要运用 ECT 工作法。ECT 是三个英文字母的首字母缩写，其中 E 是排除（Exclude），指排除掉具有隐患风险的地雷式求职者，也被形象地称为"排雷"；C 是计算（Calculate），指通过量化数据计算出求职者与岗位的匹配指数；T 是跟踪（Trail），指招聘人员要主动与求职者沟通与互动，提升面试到场率。

ECT 工作法的这三个步骤应当如何展开操作呢？

先说第一个步骤——排除，即排除掉具有隐患风险的地雷式求职者。

> **四种"地雷式"求职者**
> 1. 工作变动比较频繁的求职者;
> 2. 同时申请同一家企业多个职位的求职者;
> 3. 简历准备得草率、敷衍,基础信息不全的求职者;
> 4. 工作经历、证明人信息空缺或不真实的求职者。

招聘人员由于缺乏甄别经验,未能在筛选简历阶段准确识别出与岗位不匹配或具有不稳定因素的求职者,从而错误录用。这些人就是地雷式求职者。他们在以后的工作中必然会出现绩效、稳定性、适应性比较差的问题。这些问题会在工作中不时爆发出来,给企业造成离职率居高不下的隐患。

招聘人员要注意,假如企业因为行业或岗位工作性质等原因,对求职者的专业、年龄、性别等有明确的硬性规定,在简历筛选环节,就要首先排除掉不符合规定的求职者;此外,还要排除掉这四种人。

## 1. 工作变动比较频繁的求职者

一个人工作变动的频繁程度,尽管在一定程度上说明了其工作经历比较丰富,但更能说明其工作稳定性比较差。我们可以用"2-2法则"加以辨别,即在正常情况下,一份工作能做两年左右的人,是比较合适的人选。如果一个求职者有两次以上在一家企业供职时间低于两年的情况,或者在一年之内有两次跳槽的情况,招聘人员就要排除掉这样的求职者。因为这样的求职者通常对自己的职业生涯和企业均不负责,并且存在习惯性跳槽的"症状",稍有不如意就会一走了之。

### 2. 同时申请同一家企业多个职位的求职者

对这类求职者，招聘人员要保持高度警觉。申请多个职位尤其是各个职位毫无关联，说明求职者的求职意向比较混乱，这样的人要毫不犹豫地排除掉。这种求职者能说明两个问题：第一，他自身没有突出的知识、经验、技能，对自己究竟能干什么、想干什么毫无认知；第二，他对自己的选择毫无诚意，抱着有枣没枣先打一竿子的心态，也许他自己都记不清向哪家企业投过简历、申请过哪个职位。

### 3. 简历准备得草率、敷衍，基础信息不全的求职者

出现这种情况无非两个原因：第一，求职者粗心大意，简历写完后没有认真地检查，这样的人一般都不靠谱、不认真，很可能会给企业带来相当大的麻烦和危害；第二，他对投递简历的企业并不看重，只是抱着广撒网的心态投投看，可能你的公司在他心目中连备胎都算不上，即便简历通过了，也不一定来面试。

### 4. 工作经历、证明人信息空缺或不真实的求职者

凡是不能提供证明人信息或提供无效证明人联系方式的求职者，心中必定有鬼，或工作中有重大瑕疵，或提供了虚假工作经历，怕用人单位在背景调查时发现。在对求职者进行背景调查时，招聘人员要特别注意，求职者的证明人有可能依然在原单位，也有可能已经离开了原单位，招聘人员对求职者进行背景调查时在话术上要有一定的艺术性，尤其是与已经离开原单位的工作证明人联系时，务必用非常诚恳的态度，表达和他沟通的诚意，这样对方会友好配合。

## 第二节
## 数据驱动：量化数据，改善招聘效率

ECT工作法的第二个步骤——计算，即通过量化数据计算出求职者与岗位的匹配指数。数据化管理是国内企业在对精细化管理、准时制生产方式（Just In Time，简称JIT）、绩效管理等先进管理方式进行学习并广泛应用过程中逐渐形成的一种新的管理模式，是卓越的管理者采用的基本管理技术之一。管理者通过数据化管理并辅以其他管理手段，能够以实事求是的方法明确地指出下属在工作中存在的各类问题，有效地指导下属开展工作，并针对下属在具体工作中存在的问题，提出解决策略，从而促进团队的整体进步，实现领导效能。

数据化管理是企业改进管理制度的关键，优秀的企业管理制度应该具备完善的运营数据分析体系。一切企业活动都以数据为参考，达成一定的数据指标，循环改进，持续发展。数据化管理是确保企业良性发展的关键，在企业运营的每个环节都发挥着重要作用，企业通过参考经营数据来制订经营计划，制定方针策略。

掌握数据管理技能，首先要具备量化思维。量化思维是把隐性的主观价值判断标准转化为显性的客观价值判断标准，并且以数据化的形式呈现出来，以便快速进行科学决策。一个管理者具备了量化思维后，其价值判断标准就非常客观、清晰、稳定，做决策时不易受外界影响；反之，其价值判断标准则主观、模糊、不稳定，他经常依赖印象、情绪及经验做决策，易受外界影响。

招聘人员在筛选简历时对量化思维的应用，具体分为两个步骤：第一步，对简历筛选六要素进行量化处理并赋分；第二步，对六要素得分进行汇总，加权后评估定级。下面我们针对这两个步骤分别展开说明。

第一步，对简历筛选六要素进行量化处理并赋分。

简历筛选六要素指的是年龄、学历、专业、工作经验、性别、婚育状况。招聘人员需将这六个要素按照一定标准处理，并分别赋分。

### 1. 年龄数据的处理

任何岗位都有其最佳匹配年龄段，岗位不同，最佳匹配年龄段有所不同。年龄数据处理遵循的原则是：把该岗位最佳匹配年龄段设为最高分，以此年龄段为基准，向左右两边延伸递减赋分。例如，某公司研发工程师岗位的年龄这一因素满分为10分，最佳年龄段为28～32岁，赋分为10分。其余年龄段赋分如下：

表6-1　某公司研发工程师岗位对年龄段的赋分

| 年龄 | <22岁 | 22～23 | 24～25 | 26～27 | 28～32 | 33～34 | 35～38 | 39～40 | 41～45 | >45岁 |
|---|---|---|---|---|---|---|---|---|---|---|
| 分值 | 1 | 5 | 7 | 8 | 10 | 8 | 7 | 5 | 4 | 3 |

### 2. 学历数据的处理

学历分为初中、高中、中专、专科、本科、硕士、博士等七个标准。任何岗位都有其最佳学历要求，岗位不同，最佳学历要求有所不同。学历数据处理遵循的原则是：把该岗位最佳匹配学历设为最高分，以此学历为基准，向左右两边延伸递减赋分。例如，某公司销售岗位的学历这一因素满分是10分，最佳学历为专科，赋分为10分，其余学历赋分如下：

· 营销式招聘 ·

表 6-2　某公司销售岗位对学历的赋分

| 学历 | 初中 | 高中 | 中专 | 专科 | 本科 | 硕士 | 博士 |
|---|---|---|---|---|---|---|---|
| 分值 | 5 | 8 | 8 | 10 | 9 | 6 | 3 |

企业在招聘销售人员时，一般情况下初中学历赋分要比博士赋分高。因为如果招了个博士，即便他因为某种原因接受这份工作，其稳定性也不高。

### 3. 所学专业的数据处理

从招聘的角度来看，专业一般分为三种类型：精准专业、相关专业和其他专业。精准专业，即与本岗位最匹配的专业；相关专业，即虽非最匹配专业，但具有一定关联性的专业；其他专业，即精准专业和相关专业以外的专业。一般情况下，企业在招聘的时候，精准专业、相关专业往往不单指某一个专业。所学专业数据处理遵循的原则是：精准专业范围内10分，相关专业范围内8分，其他专业5分。

表 6-3　招聘岗位对所学专业的赋分

| 专业 | 精准专业 | 相关专业 | 其他专业 |
|---|---|---|---|
| 分值 | 10 | 8 | 5 |

### 4. 工作经验数据的处理

经验是指在工作或生活中多次实践获取的知识或技能，亦指工作或生活经历，一般分为行业经验和岗位经验两大类。行业经验和岗位经验相互交叉后，经验可以分为无工作经验、本行业相关岗位经验、本行业不相关岗位经验、非本行业相关岗位经验、非本行业不相关岗位经验五个标准，在不同标准基础上，工作年限又有所不同。例如，某公司质检岗位对工作经验这一因素的赋分如下：

表 6-4　某公司质检岗位对行业经验的赋分

| 工作年限 | 1 年以下 | 1～2 年 | 3 年 | 4～5 年 | 5 年以上 |
|---|---|---|---|---|---|
| 本行业工作经验 | 1 | 4 | 6 | 8 | 10 |
| 非本行业工作经验 | 1 | 2 | 4 | 5 | 7 |

表 6-5　某公司质检岗位对岗位经验的赋分

| 工作年限 | 1 年以下 | 1～2 年 | 3 年 | 4～5 年 | 5 年以上 |
|---|---|---|---|---|---|
| 本岗位工作经验 | 1 | 4 | 6 | 8 | 10 |
| 非本岗位工作经验 | 1 | 2 | 4 | 5 | 7 |

### 5. 性别数据的处理

性别分为男性和女性两种。岗位工作性质、工作内容不同，对性别要求在一定程度上有所不同。在实际工作中，有些岗位对性别要求比较高，有些岗位对性别要求则没有那么高。招聘人员应该根据不同的岗位，设置不同性别赋分标准。例如，某公司生产管理岗位的最佳匹配性别为男性，行政文秘岗位的最佳匹配性别为女性，人力资源管理岗位则没有性别要求。这些岗位对性别的具体赋分如下：

表 6-6　某公司不同岗位对性别的赋分

| | 岗位类别 | 岗位要求 | 男 | 女 |
|---|---|---|---|---|
| 分值 | 生产管理岗位 | 最佳匹配性别为男性 | 10 | 4 |
| | 行政文秘岗位 | 最佳匹配性别为女性 | 4 | 10 |
| | 人力资源管理岗位 | 没有性别要求 | 10 | 10 |

### 6. 婚育状况数据的处理

婚育状况分为未婚、已婚未育、已婚已育三种情况。婚育状况不同，当下或将来对工作的影响不同。工作岗位性质不同，对求职者的婚育状况要求也不同。例如，某公司一般管理岗位对婚育状况的赋分如下：

表 6-7　某公司一般管理岗位对婚育状况的赋分

| 婚育状况 | 未婚 | 已婚未育 | 已婚已育 |
| --- | --- | --- | --- |
| 分值 | 7 | 5 | 10 |

第二步，对六要素得分进行汇总，加权后评估定级。

在实际招聘中，不同公司、不同岗位对六要素的要求有所不同，因此对每项数据的处理方式不同。招聘人员可以将每个要素的满分都设为 10 分，根据每个要素在具体岗位中的重要程度，为每个要素设定相应的权重，得出最终分数，然后根据分数把求职者的简历划分出 A、B、C 三个等级，比如 60 分及以上是 A 级；49～59 分是 B 级；49 分以下是 C 级。简历的等级不同，招聘人员对求职者的关注程度就不同，付出的精力、沟通与互动的频次及方式也不同。宗旨是：确保 A 级和 B 级求职者能够成功入职，C 级求职者则可以放弃或调整录取条件后再决定是否争取其入职。

表 6-8 某公司某岗位对六要素得分的加权处理

| 因素数据 | 原始得分 | 权重 | 最终得分 |
| --- | --- | --- | --- |
| 年龄 |  | 10% |  |
| 学历 |  | 20% |  |
| 专业 |  | 20% |  |
| 工作经验 |  | 20% |  |
| 性别 |  | 15% |  |
| 婚育状况 |  | 15% |  |
| 评估分级 |  | A：60 分及以上；B：49～59 分；C：49 分以下 ||

以上的分数和权重是以某岗位为例而设置的。在实际招聘过程中，招聘人员要灵活掌握这种数据处理的方式，根据实际情况为每个要素设置分数和权重。

## 第三节
## 成交跟踪：提升面试到场率，促成与"优质客户"的成交

态度、技能和行动策略是成功营销的三要素，但三要素在营销过程中所起的作用是不一样的。世界著名的潜能开发专家博恩·崔西 (Brian Tracy)、美国最受欢迎的销售训练专家金克拉 (Zig Ziglar)、连续 16 年夺取日本保险销售冠军的柴田和子等世界级的顶尖销售高手，均认为其中态度占 80% 的比重。积极主动的态度对于营销人员来说至关重要。跟单是营销工作的重要环节之一，但有些营销人员对此在态度上就不够重视，更别说掌握跟单技巧了。那么，优秀的营销人员是如何跟单的呢？

### 1. 做好客户的资料收集工作

既然是跟单，就说明我们已经和客户有过一面之交，对客户的基本情况有所了解。接下来我们要做的就是尽量多收集客户的资料，了解客户的经营状况，进而了解客户的真实需求。

### 2. 分析客户心理，明确客户不下单的原因

对于可能只是询价或并非真正需要产品的客户，营销人员在跟单后就应及时做出判断并进行等级划分。既不直接拒绝又不下单的客户，很可能是因为价格高或是还在和同类产品做比较，营销人员要注意沟通周期和技巧。已经下了订单却迟迟没有签合同的客户通常为 A 级客户，营销人员一定要及时争取面谈；不能面谈的，一定要及时通过电话问清楚客户存

在什么困难，并及时帮客户解决。

### 3. 做好跟单登记工作，最好写清楚日期和概况

做好跟单登记可以避免把跟单变成骚扰的情况，有了登记，跟单也就有了目标和计划。需要注意的是，切勿出现多个营销人员同时跟一个客户的情况，这样非但达不到跟单的目的，还可能招致客户的反感。

### 4. 保持平和的跟单心态，不要急功近利

跟单一定要从长远战略角度出发，拿出交朋友的心态，这样更容易拿到订单。很多营销人员在工作中都遇到过这样一种情况：头一天刚签好的订单，第二天客户就要求退货，煮熟的鸭子又飞了，空欢喜一场。为了避免客户签单后反悔的情况，营销人员要把握好跟单的节奏和时间，挖掘客户的真实需求，借助第三方向客户传达信息，表明产品具有良好的用户体验，表明他的选择是明智且安全的。

既然做招聘如同做营销，那么招聘人员就要从营销工作中借鉴经验，吸取教训，防止求职者"悔单"，确保求职者到场面试或录用后顺利入职。

ECT工作法的第三个步骤——跟踪，即招聘人员要及时跟踪优秀的求职者，与他们沟通与互动，提升面试到场率，最终促成入职。具体又分为三步。

第一步，让求职者进一步补充材料，以便验证在筛选简历时对其初步判断的准确度。对于A级与B级求职者，我们如果需要对其经历、知识、技能及专业等做深入了解，则可以主动将招聘职位的岗位说明书，特别是岗位职责、岗位目标、工作要求及补充材料提纲提供给求职者，请他们将相关资料补充一下，这样我们既能深入了解求职者的专业背景，又能让求职者感受到我们对招聘严谨而重视的态度，从而增强其对企业的认可度和接受度。

补充材料提纲一般包括三点：

1. 根据岗位说明书的描述，描述其个人具体优势；
2. 结合工作经历和成绩亮点，提供1～2个实际案例，说明案例中

存在哪些问题，针对这些问题采取的解决方案，方案实施效果以及在方案实施过程中遇到了哪些障碍，最终是如何解决的；

3. 说明入职后，凭借个人优势能为企业解决哪些问题，并且预估能达成的工作目标。

第二步，主动沟通，增进了解和信任，让求职者感受到企业对他的尊重以及对所招聘岗位的重视。经过对简历初步筛选和评估分级，对A级和B级求职者，我们要有计划地主动做好沟通，这样才能够大大提高面试到场率与入职率，避免求职者"悔单"。

具体沟通步骤和节点如下。

1. 简历筛选与评估结束后，我们要第一时间用微信或者短信与求职者取得联系，感谢他对公司的认可，感谢他投递简历，正式通知他，他的简历已经通过简历筛选，请他务必按时准备并提交补充材料。

2. 收到补充材料后，我们要电话通知求职者，感谢他的配合，同时对他的专业予以肯定，告知他面试的具体事宜，包括时间、地点、需携带的资料等。

3. 面试前一天，我们要通过电话、微信或短信提醒他按时参加面试，告知他面试的具体时间、地点、交通路线、需携带的相关材料；如果求职者的时间冲突，问其是否需要另外协调安排时间。

4. 面试当天，我们要提前用微信或短信提醒求职者，如上午面试，则当天一早再次提醒他面试的具体安排以及相关事宜。

5. 面试结束后，我们要通过微信或短信感谢他前来面试，告知他面试后的具体事宜。

第三步，与未能入职的求职者保持沟通与互动。通过面试的优秀求职者可能会因为某种原因不能入职，招聘人员要与其保持良好的沟通与互动，为将来的招聘储备人选。这个步骤中有很多有效措施，具体内容将在第十章详解。

## 第四节
## 面试通知话术：招聘，终究看的是量与转化率

销售业绩的结果取决于客流量和成交转化率。在招聘这条赛道上，招聘的成功率则取决于优质简历的投递量和入职率。在前面章节，我们讲过如何选择招聘池塘、如何用招聘文案解决引流问题以及如何通过简历筛选找到优秀的求职者，接下来，我们来看看如何确保求职者的面试到场率。

销售成交流程中的第一步是与顾客建立信任，只有建立了信任，我们才能与顾客继续沟通。快速建立信任的前提是给对方留下良好的第一印象，而利益前置和真诚这两大原则是取得对方好感的钥匙。

所谓利益前置，就是在与对方沟通时第一时间把能够提供给对方的利益呈现出来，让对方明确地感受到你能给他带来什么利益、有什么价值。只有这样，对方才会产生沟通的欲望和兴趣。

利益前置中的利益包括我们能够给对方带来的物质收益、精神荣誉、有效的帮助、充分的尊重、赞赏和认同。《金字塔原理》这本书里提到，金字塔原理的第一点是结论先行，这就是利益前置原则的一种体现。一个人向领导汇报工作时，如果一直在喋喋不休地解释原因、过程等，可能还没说到结果，领导就会不耐烦地打断他："你到底想要表达什么？"

因此，在沟通时，我们要做到结论先行，要尽可能提前展示出我们的结论、观点。可见，掌握说话的艺术，掌握成交的话术，懂得如何与别人沟通是一门学问。

所谓真诚原则，是指在与人沟通时，尤其是在夸奖对方时，要尽量少说一些"假大空"的客套语，要善于捕捉对方具体可夸奖的细节，进而以这些细节为立足点进行夸奖，从而让对方感受到你对他发自内心的欣赏、认可。

在招聘工作中，很多招聘人员对面试通知话术并不重视，认为面试通知就是通知求职者来面试，没有什么技术含量，忽略了沟通的艺术和技巧，从而导致面试到场率不高。面试通知的目的不仅仅是把面试事宜传达给求职者，更重要的是要确保求职者到场面试，提高面试到场率。我们只有明确面试通知的目的，才能把面试通知这项工作做到位，做得有成效。因此，面试通知话术至关重要。

面试通知话术同样要遵循利益前置和真诚这两大原则。利益前置原则要求我们在面试通知时先对求职者表达出充分的赞赏、认同和肯定；真诚原则则要求我们向求职者传递的任何信息必须言之有物，让求职者感受到你真诚的态度，否则求职者就会质疑你说的话的真实可靠性。

因此，我们只要按照以下三个步骤与求职者进行沟通，就能达成面试通知的目的。

第一步，表达赞赏和认可。表达赞赏和认可并不是用诸如"你很优秀""你很出色"这种苍白空洞的说法，而是要做到言之有物。我们要仔细看完求职者的简历，就其工作经历、业绩、专业技能等内容，挑出1～2个具体点来表达对他的赞赏和认同。

第二步，表达尊重和重视。我们要对求职者明确表达出"根据你的求职材料，我们觉得你非常优秀，非常肯定你的专业、经验以及能力，公司对你很重视"的意思，表明迫切希望他前来面试的态度。

第三步，站在对方的角度换位思考，明确表达出诚意。我们要让对方感受到我们非常有诚意邀请他前来面试，非常希望他能够加入我们，共同发展。

这就是面试通知三步法。接下来，我们通过一个具体案例来看看面试通知三步法在实际工作中的应用。

> D公司需招聘一名生产部主管。公司通过招聘网站发布招聘信息，招聘人员在筛选简历时发现张先生的经验、能力以及知识结构非常突出，比较符合公司的用人标准。招聘人员王小明负责给张先生发面试通知，邀约张先生来公司面试。
>
> "张先生，您好。我是D公司人力资源部招聘人员王小明。我们收到了您在××网站上给我们投递的生产部主管职位的简历。我们定在17号上午统一面试，请您按时参加。"

这是很多招聘人员的常用话术，中规中矩。如果用面试通知三步法来组织话术，看看有何不同：

> "张先生，您好。我是D公司人力资源部招聘人员王小明。我们收到了您在××网站上给我们投递的生产部主管职位的简历。非常感谢您对我们公司的认可（这是开场白）。我们通过您的简历得知，您在生产管理方面有丰富的经验，是一个非常出色的生产管理者。尤其是您制定的倒逼成本管理法，给企业成本管控带来很大的成效（这是面试通知三步法的第一步，表达赞赏和认同，并且做到了言之有物）。公司领导看到您的简历后，对您非常认可与重视，一再嘱咐

我务必联系到您。和您确定好面试时间后，领导会安排时间与您深入沟通（这是面试通知三步法的第二步，表达尊重和重视）。也许您还向其他单位投递了简历，毕竟找到一个合适的平台发挥自己的专长，对每一个人来说都很重要。我真诚希望您通过了解、比较，能够选择我们公司。如果您能到我们公司任职，公司一定会为您提供广阔的空间，让您充分发挥自己的专长（这是面试通知三步法的第三步，站在对方的角度思考，明确表达诚意）。您看17日上午您是否可以来我们公司面试呢？"

经过对比，我们可以明显感觉到，运用面试通知三步法组织的话术效果更好，会使求职者感到更舒服，使面试到场率更高。在市场营销中，销售人员采取各种策略和话术，目的都是提高成交的概率。销售人员虽然无法保证客户100%成交，但是一定要使用有助于提升成交概率的策略和话术。做招聘就是做营销，我们同样要通过面试通知三步法来组织与求职者沟通的话术，从而提高面试到场率，最终保证招聘成功率的提升。

第七章

# 慧眼辨真才：高效的面试甄选技巧

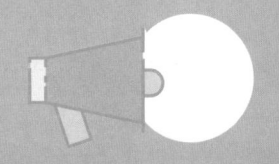

在市场营销中，邀请客户参观考察是一个成交按钮，在整个成交流程中极其关键。

　　为了尽快达成合作，营销人员在激烈的市场竞争中费尽周折开发新客户，邀请客户来公司参观考察，向客户展示公司的综合实力，让客户体验公司的品牌影响力、生产能力、技术研发能力以及规范的售后服务等。每家企业都会精心设计并形成一套周密的流程和规范的接待标准：如何安排接待人员，需要准备哪些物料，如何规划参观路线，参观过程需要向客户展示哪些内容，用餐规格等。为了确保在客户参观考察过程中不出现纰漏，企业一般会由营销部牵头，与相关部门共同安排参观事宜。客户经过实地考察，验证了公司实力，消除了合作顾虑，才能顺利实现合作。

　　在招聘过程中，邀请求职者来公司面试，等同于邀请客户来公司参观考察。双方能否走到一起，取决于面试中双方深入了解的程度以及匹配度。

## 第一节
## 面试准备三件套：招聘无小事，成必作于细

求职者前来面试前，招聘人员必须处理好三项工作。第一，对面试官（面试小组成员）进行专业的培训，制定规范的面试流程。第二，为求职者前来面试尽可能地提供便利条件。第三，在求职者正式面试前，必须妥善处理影响面试成效的两大"隐形杀手"。

### 1.对面试官进行专业的培训

一个人的专业技能和工作经验是否符合岗位需求、能否胜任岗位工作，最有发言权的是用人部门负责人。在企业招聘中，一般由人力资源部和用人部门一起面试，或者用人部门在复试环节参与进来。

很多用人部门的负责人没有人力资源专业背景，不具备面试甄选的基本技能和经验。因此，非人力资源管理专业人员参与面试前，人力资源部必须对其进行系统的培训，让其具备面试官的基本素养，掌握面试的基本技

> **组织面试前三项必做工作**
> 1.对面试官进行专业的培训；
> 2.为求职者前来面试提供便利条件；
> 3.妥善处理影响面试成效的两大"隐形杀手"。

能。企业面试官的基本素养包括:(1)仪容仪表要规范;(2)举止大方、态度和蔼,不要刻意给求职者制造压力,要为其营造一个宽松、融洽的氛围;(3)在面试过程中,即使发现某位求职者的条件不符合岗位要求,也要保持友善,耐心倾听;(4)熟练掌握基本面试方法,比如应用比较广泛、效果比较好的方法是行为面试法(详见附录三);(5)角色分工要明确,不同的角色在面试中负责提出不同的问题。

在面试中,人力资源部的角色分工主要有五个方面:(1)面试的主导者,如同一场会议的主持人,主导整个面试进程;(2)在提问过程中,对求职者的专业、职业经历等基础信息的真实性进行鉴别;(3)对求职者的潜力、工作稳定性进行鉴别,并预测其职业发展方向;(4)了解求职者的入职期望,比如薪酬、休假或福利方面的期望;(5)对求职者的工作定位进行引导。

用人部门的角色分工主要有三个方面:(1)通过一定的面试方法对求职者的专业技能进行测评,看其专业知识、工作经验是否符合岗位要求;(2)向求职者介绍所应聘岗位的具体工作内容和相应职责;(3)通过提问、测评,评判求职者与岗位需求的吻合度。

| 人力资源部角色分工 | 用人部门角色分工 |
| --- | --- |
| ①面试的主导者;<br>②鉴别求职者的专业、职业经历的真实性;<br>③鉴别求职者的个人潜力、工作稳定性,预测其职业发展方向;<br>④了解求职者的入职期望(薪酬、休假或福利等);<br>⑤对求职者的工作定位进行引导。 | ①对求职者的专业技能进行测评;<br>②向求职者介绍所应聘岗位的工作内容与职责;<br>③评判求职者与岗位需求的吻合度。 |

图7-1 面试时人力资源部与用人部门角色分工

人力资源部对面试官进行培训的具体内容见附录二。

**2. 为求职者前来面试提供便利条件**

为方便求职者前来面试，企业须提供的便利条件主要有三方面：

（1）提供便利的交通信息。根据日常生活经验，我们想去某个不太熟悉交通路线的地方时，习惯用手机导航。招聘人员要提前在百度地图、高德地图等网络地图上注册好公司地址，这样能为求职者导航提供便利，方便求职者前来面试，同时也会让求职者感受到公司的规范性。网络地图注册门槛低，我们只要按照要求和流程一步步操作，就可以注册成功。此外，招聘人员在给求职者发送面试通知时，除了告知面试的具体时间、要求，还要告知具体的交通路线、适合乘坐的交通工具、联系人电话等。

（2）如果公司的位置比较偏僻，就要为求职者提供便利的交通服务。尤其是在公共交通工具不能到达，或者公司的位置距离公共交通工具最近的站点还比较远的情况下，企业要考虑为求职者安排接送车辆。

（3）提供午餐等服务。尤其是上午面试时，企业要根据实际情况和面试进度，考虑是否为求职者安排午餐。安排午餐一方面会让求职者感受到公司的周到体贴，另一方面招聘人员还有机会与求职者进行进一步沟通，以加深了解。

**3. 妥善处理影响面试成效的两大"隐形杀手"**

我们先看一个真实的案例——

上午9点30分，E公司人力资源部经理张光手里拿着几份简历，边摇头边自言自语："唉，这几个人选条件都不错，怎么都没来面试呢？本来沟通得好好的，说好要来面试，怎么都没来呢？现在的"95后"真没法说，一点儿都不守信用。"

张光抱怨这几个求职者放他的鸽子，不讲诚信，却没有看到背

- 133

### 营销式招聘

后真实的原因。

求职者中有一个人叫王力，是某高校高分子材料与工程专业本科毕业生，综合成绩优秀。通过筛选对比，王力感觉 E 公司无论从行业角度还是从招聘职位来说都比较对口，就投递了简历。第二天他收到了面试通知。

王力很重视这次面试，做好了充分的面试准备，面试当天一大早就动身了。E 公司地理位置相对偏僻，王力几经辗转，来到公司门口，一看表才 8 点多。他看到两个求职者在大门旁边等候，就点头打了个招呼。3 个人一起走进传达室，想简单了解一下 E 公司的情况。

传达室里，一位 50 多岁的门卫听着收音机，抽着烟，拿着苍蝇拍打苍蝇。通过谈话，他们 3 个人了解到公司的一些情况：公司经营状况还可以，效益不错，就是留不住人，尤其是车间里的外地工人，基本上干几个月就走了。门卫摇摇头，遗憾地说："公司是不错，就是留不住人。"王力心里隐隐约约有了不祥之感。

在传达室稍做停留之后，他们向办公楼走去，看到前台有一个靓丽的女孩在补妆，旁边放着豆浆和蒸包，看样子没吃早餐。他们礼貌地打了个招呼，说他们是来面试的。女孩手里拿着个小镜子，上下左右调整着姿势，貌似在检查补妆效果，头都没抬。他们 3 个人尴尬地在旁边等待着。过了大约 2 分钟，女孩终于说话了："人力资源部通知你们来面试的吧？还有 20 多分钟才到上班时间。谁通知你们的，就和谁联系吧，看怎么安排。你们先到门外等，我要打扫卫生。" 3 个人相互对视了一下，轻轻地摇摇头，用眼神进行了交流：公司的确留不住人，我们还是另寻出路吧……

求职者前来面试，最先接触的就是门卫和前台。很多求职者来公司面试，都会和门卫或前台闲聊，了解公司的实际状况，作为是否入职的重要参考。"千里之堤，溃于蚁穴"，很多招聘人员忽略了门卫、前台这两大"隐形杀手"给招聘工作带来的影响。这两个岗位是把双刃剑，如果安排得好，就会发挥积极、正面的作用，给招聘工作带来极大的帮助；如果安排不好，就会带来负面影响，会降低入职率。在上面这个案例中，人力资源部经理张光感觉被求职者放了鸽子，对"95后"感到不满，却不知道背后真正的原因——王力等3人并不是要放鸽子，而是被"隐形杀手"门卫和前台"干掉"了。

很多公司都疏于对门卫和前台进行业务方面的培训和指导，所以门卫和前台在公司业务方面的敏感度、警觉性都比较低。在营销工作中，有经验的业务人员都会通过合作公司的门卫和前台获取一些直接或间接信息，为下一步工作的推进提供参考，而这些信息往往无法从合作公司的业务部门相关人员那里获得。在实际求职过程中，很多求职者也会和所应聘公司的门卫、前台沟通，了解一些不便于与招聘人员直接沟通的信息。

公司如何让门卫和前台发挥积极、正面的作用呢？

（1）做好两个岗位环境的整理，规范员工的仪容仪表。门卫和前台这两个岗位是企业对外的窗口，不管是对招聘，还是对企业其他工作而言，这两个岗位的作用都不可小觑。门卫和前台的环境以及这两个岗位人员的仪容仪表，代表着整个公司的形象。整洁有序的环境、员工规范的仪容仪表会使求职者对公司产生良好的第一印象。这两方面具体来说就是：物品摆放遵循"四勤"原则，勤整理、勤整顿、勤清扫、勤清洁；统一工装、在岗员工行为规范等。

（2）对门卫和前台进行培训。培训重点有两项。①制定相关话题规范，说明哪些可以说、哪些不能说，不能说的该如何回应。具体来说，

• 营销式招聘 •

对于薪酬、员工福利、工作稳定性、企业效益、发展前景等问题不做细节性的回答或负面评论，仅做模糊的回答或正面评论。如果求职者问到一些自己无法回答或不便回答的问题，可以用"我刚来公司不久，不太了解"为由避而不答。②针对常见问题制定标准回答话术，对其进行培训。一般来说，常见问题包括以下几个方面：企业效益、发展前景、经营业绩、员工薪酬水平和工作稳定性如何，每年有多少员工离职，公司管理层是什么管理风格，公司的文化氛围怎么样，等等。如果公司针对常见问题制定标准回答话术，对两个岗位的工作人员进行培训，那么这两大"隐形杀手"就会变成非常得力的助攻手。

## 第二节
## 面试环境点—线—面设计：从系统上解决招聘问题

行为心理学有一个非常重要的基本原理：人都是生活在感觉中的，而感觉源于所看到的他人的表现。在日常生活与工作中，我们对一个人的判断，比如具有责任心、较强的学习能力、创新能力等，或对一家企业的判断，比如具有高度的社会责任感、对某岗位非常重视等，源于主观印象和价值观，这些都属于内心的感觉。这种感觉基于我们看到一个人或一家企业的符合评判标准的表现，以及获取的各种行为证据所做出的结论。我们抓取证据的角度越广、数量越多、质量越高，做出的结论就越肯定。不同的人对同一件事或同一个人的评价存在差异，这是因为不

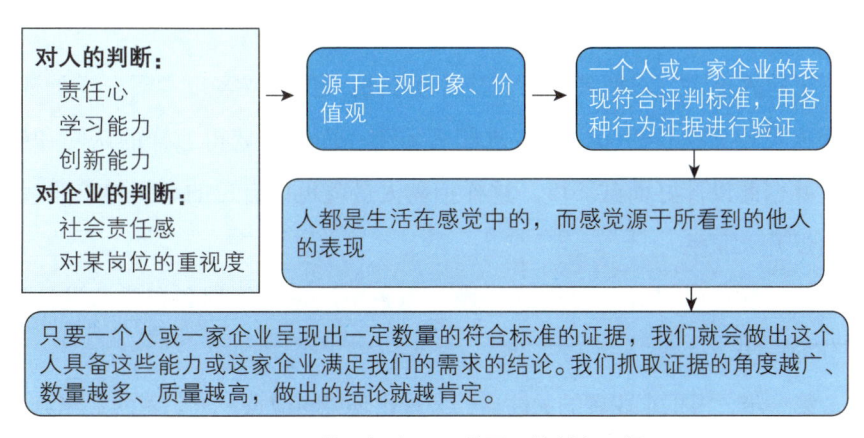

图7-2 基于行为心理学原理的判断逻辑

同的人看到的表现、获取行为证据的数量不同，正所谓"一千个人眼中有一千个哈姆雷特"。

求职者在选择一家企业时，其决策逻辑是：企业必须符合我的选择标准，必须能够满足我的需求；面试时，通过观察、询问，我能找到足够的证据证明企业能满足我的需求。因此，在面试过程中，证据数量的多少决定了一个求职者最终能否入职。

入职的企业必须满足自己的需求 → 面试时寻找证据 → 证据数量的多少决定是否入职

图 7-3　求职者的决策逻辑

在面试环节，想让求职者选择我们公司，我们必须让求职者有这种感觉：这家企业符合我的选择标准，能够满足我的需求。因此，我们要通过精心设计，将企业具备的优势、相应的制度在面试环境中展现出来，打好让求职者产生这种感觉的基础。只要证据呈现的角度足够广、数量足够多、质量足够高，让求职者能够多角度进行场景式体验，发现每个体验点都与其关注点吻合，这样求职者就会认定他的选择是明智的、安全的，从而降低"悔单率"，提升入职率。

招聘人员对待求职者面试，应当像营销人员对待客户考察一样重视。招聘人员应该换位思考，想象求职者希望在面试中获得怎样的认知和感受，并据此设计好面试环境。这样招聘人员就可以有目的地引导求职者，进而提升入职率。

面试环境的设计，要从点—线—面系统地进行策划和布置。设计流程分为三步。

第一步，根据求职者的关注点，设计出环境对应点。求职者的关注点一般有两点：一是应聘岗位在企业的地位或重要程度，这是共性的、普遍的关注点；二是企业能为应聘岗位提供的资源，这是个性化的，因人而异。

应聘岗位在企业的地位或重要程度集中体现在三方面：第一，该岗位在企业的受重视程度；第二，该岗位在企业的发展空间；第三，企业在该专业领域取得的成绩和影响力。这三方面是任何岗位的求职者都比较关心的，预示着他一旦入职，企业能否提供和谐舒畅的环境，是否有足够的实力为他提供成长与发展的平台，让他在专业发展的道路上走得更快、更远、更长久。企业为应聘岗位提供的资源因人而异，有人关注薪酬，有人关注稳定性，还有人关注发展空间，具体内容详见第二章、第五章。

了解求职者的关注点后，我们就可以通过多种方式（电子显示屏、宣传条幅、宣传栏、企业宣传手册、制度汇编、企业内刊、宣传视频、专人讲解……），在不同区域（门口、办公室、办公楼大厅、宣传栏、文化墙、会议室、前台、车间等）进行展现。

第二步，设计求职者的参观路线。招聘人员要根据企业的实际结构布局，结合能够展现的地点，设计出求职者的参观路线。安排专人导引讲解，展示企业的优势和取得的成绩。

第三步，实现点—线—面联动效果。通过精心设计参观路线，求职者会看到通过各种方式展现的内容，关注点逐一得到验证，得到一个又一个立体的、有力的"自我说服"的证据，消除内心的顾虑和不安，对企业有全面的认知，就会认为自己可以理性地做出决策。同时企业达到了让求职者潜移默化地做出"成交"决策的目的。

下面我们用一个实际的案例，看看某企业是如何设计点—线—面参观路线的。

压力容器制造行业某集团公司招聘技术研发人员，他们对面试环境设计、布置的操作步骤如下。

一、设计要点

1. 求职者的关注点

（1）通用关注点：该岗位在公司的受重视程度、该岗位在公司的发展空间、公司在该专业领域所取得的成绩及影响力；（2）个性关注点：工作自主性、规章制度与流程明确性、工作稳定性、福利待遇。

2. 可采取的展示形式

宣传条幅、电子显示屏、宣传视频、宣传栏、易拉宝、X展架、企业内刊、工作简报、企业宣传手册等。

3. 如何展示

行经路线上能够看到宣传栏、宣传条幅、电子显示屏；

等候室（厅）播放视频，摆放易拉宝、X展架、企业内刊、工作简报；

统一讲解与关注点相关的制度等。

二、具体展示

1. 求职者一进公司大门就能看到一面非常醒目的欢迎条幅，上面写着"诚挚地欢迎技术研发精英与我们携手合作，共赢发展"。

2. 办公楼前有一个宣传栏，这期的宣传主题是"栉风沐雨，砥砺前行，勇攀高峰，再创佳绩——技术中心发展纪实"，主要展示了四点：第一，集团公司技术研发团队风采及表彰情况，技术研发十大标兵每人奖励10万元，技术专利申报冠军奖励6万元；第二，集团公司取得行业内最高的制造及安装资质，该资质为省内首家、全国第三家；第三，展示集团公司技术研发团队所主持编写的国家标准、行业标准；第四，展示集团公司技术研发团队成长历程、技术研发人员发展前景及晋升的数据。

3. 当天在集团公司门厅前的电子显示屏上打上两行大字："热烈

祝贺集团公司×××技术荣获省级科技进步一等奖""热烈祝贺集团总工程师×××荣获省科技进步带头人荣誉称号"。

4. 在楼道内悬挂各级领导视察、重点客户、重点工程等宣传照片。

5. 前台工作人员大方庄重、热情礼貌，给每一位求职者发放一个资料袋，里面有关于企业文化建设、培训体系及实施情况、员工晋升通道设计、公司福利制度等资料，然后将他们引领到公司的一个接待室。

6. 在接待室，工作人员播放有关公司的发展历程、市场情况等方面的宣传视频，重点是技术研发方面的宣传介绍。

7. 安排专人致辞，向求职者表示欢迎并统一讲解公司的发展历程、技术研发、晋升体系，技术研发人员的薪酬体系、考核体系以及福利待遇等。

8. 安排专人引领应聘人员参观相关部门、车间，进一步展示公司的整体精神面貌、技术实力和生产能力。

进行面试环境设计时，我们务必要按照招聘岗位类别进行具有针对性的设计。当然，如果面试人数少、多种岗位集中面试，我们就可以考虑进行整体设计。

## 第三节

## 六维度分析法：判断求职者匹配度及稳定性的利器

F集团和G集团是某地同行业竞争对手。本来两家公司规模实力不分伯仲，均为当地利税大户、市政府重点企业，但最近两年，F集团经营业绩、发展态势明显超越G集团，并且差距越来越大。G集团董事长李鸿宝多次开会探讨，最终找到问题症结所在，就是团队的差距，具体表现在员工队伍不稳定，凝聚力、执行力、工作积极性和F集团比差距非常大。李鸿宝极为困惑，想不通为何出现这样的情况。

G集团人力资源总监赵强是某985重点高校人力资源管理专业硕士研究生，理论水平相当高。他亲自负责员工招聘，招聘的员工无论是专业知识还是行业经验、岗位经验、过往业绩都很出色，员工队伍整体素质比F集团高出一个档次。为何出现目前的情况呢？

后来，经深入了解和高人指点，李鸿宝才知道背后的原因。

与赵强相比，F集团人力资源总监郑山尽管没有显赫的学历和专业背景，但是人力资源管理的经验非常丰富，尤其在选人用人上具有独特之处。别人都看重求职者的学历、专业及经验，他更关注求职者的价值观与企业文化的匹配度，更关注求职者的天赋能否运用、优势能否发挥，做到人尽其才、人岗匹配，更关注如何量体裁衣、激发员工的积极性。刚开始，领导和同事都不看好他选人的方式，但新人入职，经过不到半年的强化训练后，人才优势就非常明显。

郑山为何能准确地判断出新员工价值观与企业文化的匹配度这种"虚无缥缈"的东西呢？他用的究竟是什么选拔方式？

优秀人才通常具备软硬两个条件：硬条件是超强的专业能力，软条件是良好的工作态度。超强的专业能力，除了完善的专业知识体系、较高的操作技能、丰富的岗位经验，还包括相应的天赋。一个人的工作态度主要受两方面影响，一是天赋，二是对工作的兴趣。如果他的天赋与岗位的匹配度高，他工作起来就会得心应手；他如果对工作感兴趣，在工作中就不会倦怠，遇到困难也能积极主动地解决。因此，企业在招聘时，硬技能的评估和软素质的测评，两手都要抓，两手都要硬。

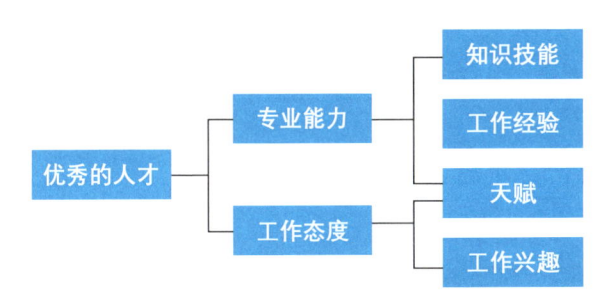

图 7-4 职场人士素质结构模型

根据冰山理论模型，一个人的素质结构中，专业知识技能、工作经验属于硬技能，是显性的，通过笔试、操作、面试等很容易就能甄别，企业在招聘中对求职者的硬技能比较重视。但隐藏在冰山之下的天赋、工作兴趣等软素质很难鉴别，在招聘中很容易被企业忽略。接下来，我们重点讲解对天赋、工作兴趣的鉴别方法和技巧。

软素质测评对象主要包括一个人与企业文化的匹配度、岗位倾向类型、思维模式、人际合作系数、未来工作动机或发展走向、当前状态六个维度。测评方法以一个测评问卷为依托，让求职者对每个问题打分，然后分类汇总，最后根据汇总分数进行多维度分析评价。该测评方法基于 PDP 测评技术，凝聚了多位专家的智慧，利用 Excel 编制成小程序，自动统计分析出结果，规避了人工统计分析的困扰。

第一步，填写问卷（见附录一）。问卷共 64 个题目，测评者按照要求对每个问题打分：该项描述完全符合计 2 分，基本符合计 1 分，完全不符合计 0 分。

第二步，进行分类汇总。64 个题目一共分为 8 个类项，每 8 个题目为一个类项：1～8 题为第一项；9～16 题为第二项……以此类推。每个类项对应不同的维度，见下表：

表 7-1 《软素质测评问卷》题目分类

| 题目 | 类项 | 对应需求维度 | 题目 | 类项 | 对应需求维度 |
| --- | --- | --- | --- | --- | --- |
| 1～8 | 一 | 财富 | 33～40 | 五 | 权力 |
| 9～16 | 二 | 健康 | 41～48 | 六 | 研发 |
| 17～24 | 三 | 享乐 | 49～56 | 七 | 情感激励 |
| 25～32 | 四 | 工作 | 57～64 | 八 | 成就 |

1～8 题的总得分为第一项得分；9～16 题的总得分为第二项得分……以此类推。将 8 个类项的得分计算出来，得分最高项对应的维度是求职者最敏感的需求，得分最低项对应的维度则是最不敏感的需求。

第三步，汇总得分结果，针对六个维度进行分析评价。

### 1. 与企业文化的匹配度分析

求职者的价值观和企业文化的匹配度越高，稳定性越强，工作能动性就越强。我们要根据企业文化特征，设定各维度得分。比如企业文化如果属于军队文化、狼性文化，一般与第一、四、五、八项得分较高的人匹配度比较高；企业如果走规范性、沉稳性路线，一般与第四、六、八项得分较高的人匹配度比较高。企业如果属于国有性质，一般与第二、六、八项得分较高的人匹配度比较高；企业如果属于民营性质，一般与第一、四、八项得分较高的人匹配度比较高。根据求职者填写的问卷，利用 Excel 编制的测评系统即可判断出求职者的价值观与企业文化匹配度，如图 7-5，实心框为企业文化特征，虚线框为测评出的求职者的价值观，二者重合的部分即为匹配的维度，重合的部分越多，说明求职者的价值观与企业文化的匹配度越高。

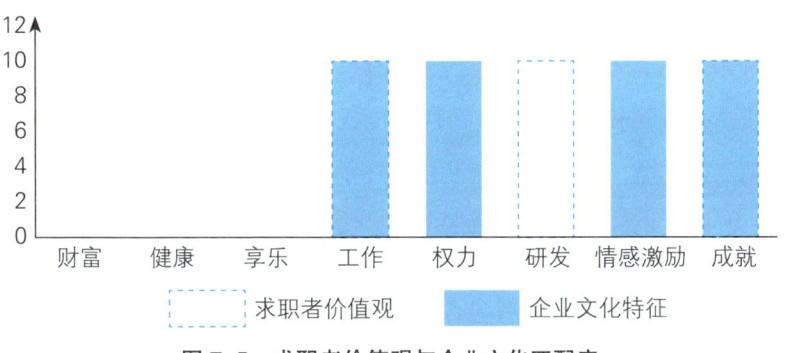

图 7-5　求职者价值观与企业文化匹配度

### 2. 岗位倾向类型分析

通过得分，分析求职者适合从事什么类型的岗位工作，或具有什么岗位优势，即岗位倾向类型。

岗位倾向类型的分析方法是这样的：汇总第一到八项得分，从高到低进行排序，取前三名。如果得分较高的前三位包含第二项（即 9 ~ 16 题的合计得分），则将第二项得分去除，然后将得分较高的第四位补充进来。将最终得出的前三项进行组合，将组合项与表 7-2 中的描述对应，判断求职者属于何种岗位倾向类型。

表 7-2　岗位倾向类型与类项组合对照表

| 岗位倾向类型 | 对应类项组合 |
| --- | --- |
| 营销倾向型 | 148，147，158，134 |
| 生产倾向型 | 146，156，456，458 |
| 技术倾向型 | 146，468，678，467 |
| 职能倾向型 | 145，157，147 |
| 人力资源倾向型 | 145，158，457，458 |
| 客户服务倾向型 | 134，138，137 |

例如，某求职者测评分数较高的前三名是第一项、第四项和第六项，我们对照表格，看到146组合对应的岗位倾向类型是生产倾向型和技术倾向型，说明该求职者适合生产性岗位或者技术性岗位。切记测评时的特殊情况，如果第一到八项得分汇总排序前三名中有第二项，就要把第二项去除，把排在第四名的类项递补进来之后，判断新组合对应的岗位倾向类型。

不同岗位倾向类型具有不同的思维特征，对应关系如表 7-3。

表 7-3　不同岗位倾向类型的思维特征

| 岗位倾向类型 | 思维特征要点 | 对应类项组合 |
| --- | --- | --- |
| 营销倾向型 | 成交习惯，营销思维 | 148，147，158，134 |
| 生产倾向型 | 理性程序习惯，生产思维 | 146，156，456，458 |
| 技术倾向型 | 研发战略习惯，技术思维 | 146，468，678，467 |
| 职能倾向型 | 事务流程习惯，职能倾向 | 145，157，147 |
| 人力资源倾向型 | 人才管理习惯，人力资源倾向 | 145，158，457，458 |
| 客户服务倾向型 | 细致管理习惯，客服倾向 | 134，138，137 |

如果求职者的测评结果是 148、147、158、134 组合之一，那么该求职者属于营销倾向型（其中 147、158、134 对应的岗位倾向类型不是唯一的），目标感比较强，具有成交习惯和营销思维；如果求职者的测评结果是 146、156、456、458 组合之一，那么该求职者属于生产倾向型（其中 146、458 对应的岗位倾向类型不是唯一的），具有理性程序习惯和生产思维。

对于岗位倾向类型，我们需要特别说明以下几点。

（1）如果一个人的测评结果是 145、158、457、458 组合之一，那么他属于人力资源倾向型，这并不是说他只能做人力资源管理岗位的工作，而是表示他具备人才管理的天赋，有人才管理、团队管理的思维习惯，具备从事人力资源管理岗位的优势。

（2）如果去掉第二项后，排序前三位的类项中有并列得分，处理起来相对复杂。处理的基本原则是，从高到低取前三位类项，同时看有几个类项并列得分，排序第几位。如果有两个类项并列得分且排在第一或第二位，此时取前两名，得出一个组合；有两个类项并列得分且排在第三位，就要取四项，得出四个组合。同理，如果有三个类项并列得分且排在第一位时，就只取第一名，共三项，得出一个组合；如果有三个类项并列得分且排在第二位，则取第一和第二位的三项，共四项，得出四个组合；如果有三个类项并列得分且排在第三位，则取第一位、第二位和第三位，共五项，得出十个组合。

比如，张三的各类项测评得分为 7 分、13 分、9 分、11 分、11 分、6 分、11 分、12 分，第二项（健康）得分最高，将其去除后，得分最高的变为第八项，然后是第四项、第五项和第七项，这三项是并列的。将这并列的三项与第八项进行组合，取三项，得出四个对应组合：457，458，478，578。通过查阅表 7-2, 458、457 组合与表中岗位倾向类型对应，即可得出，张三属于人力资源倾向型或生产倾向型。

（3）一个人的得分组合可能分属不同的岗位倾向类型，这说明此人有多重岗位倾向。同样，一个人也有可能没有相匹配的岗位倾向组合，这说明此人的岗位倾向不明显。

（4）同一个得分组合，有可能体现不同的岗位倾向类型：比如146组合，既体现生产倾向型，又体现技术倾向型；458组合，既体现人力资源倾向型，又体现生产倾向型。

### 3. 思维模式分析

岗位性质不同，所需的人才的思维模式、解决问题的方法和采取的措施不同，工作效果也就不同。

思维模式得分为前面八个类项的总体得分，即第一项至第八项的得分之和，其中90分以上为正面进攻型；60～89分为正面思考型（阳光型）；50～59分为监督思考型（消极思考型）；50分以下为监督防守型。其特征和适应的管理风格如表7-4。

表7-4　思维模式类型对照表

| 思维模式类型 | 特征 | 管理风格 | 得分区间 | 对应岗位 |
| --- | --- | --- | --- | --- |
| 正面进攻型 | 进攻性强，乐观，防守心弱，企业主攻手，喜欢直接公关，对事情的评价一般较高 | 关系管理、激励、正面管理 | 90分以上 | 销售、公关 |
| 正面思考型（阳光型） | 阳光，先看到事情的好的一面，再看到事情的不好的一面，乐观在前，悲观在后 | 职业化、制度化 | 60～89分 | 销售、管理、公关 |
| 监督思考型（消极思考型） | 消极思考在前，积极思考在后，思维稳重，需要建立信任感，具有监督气质 | 精细化、分工化 | 50～59分 | 财务、质检、技术、生产 |
| 监督防守型 | 认真，防守性强，监督能力强，能看到不足之处，心细 | 任务性、被激励性 | 50分以下 | 财务、质检、仓管 |

### 4. 人际合作系数分析

企业都希望招到的人才具备合作精神，能站在对方的角度思考和处理问题。也就是说，企业都希望招到的人少一些自私利己、多一些包容利他。人际合作系数测评步骤如下。

（1）将八个类项的得分分类相加、合并相加

将第一、第四、第五、第八项的得分相加，记为 A，代表财政指数（也叫社会指数）；将第二、第三、第六、第七项的得分相加，记为 B，代表生活指数（也叫个人指数）；将八个类项的得分相加，记为 C，为总分数。

（2）计算出合作系数

A>B 的人能够为他人考虑，体谅、包容他人的能力比较强；B>A 的人更多站在自己的立场上考虑问题，考虑他人较少，原则性比较强。

A–B ＞ 3，为社会工作者，A–B 的得分比 3 大得越多，社会导向越明显；B–A ＞ 3，为生活工作者，B–A 的得分比 3 大得越多，生活导向越明显；如果 |A–B| ≤ 3，即 A 与 B 的得分相差小于等于 3，为平衡工作者，偏协调性管理。

表 7-5　人际合作类型对照表

| 分数区间 | 类型 | 特点 | 管理风格 |
| --- | --- | --- | --- |
| A–B ＞ 3 | 社会工作者 | 体察性强，考虑他人多于考虑自己 | 体察性管理 |
| B–A ＞ 3 | 生活工作者 | 原则性强，考虑自己多于考虑他人 | 原则性管理 |
| |A–B| ≤ 3 | 平衡工作者 | 协调性强，变通性大，能综合考虑多方因素 | 协调性管理 |

### 5.判断未来工作动机或发展走向

一个人未来的工作动机或发展走向对企业有非常大的影响。招聘人员如何在一个人入职前就看到他未来的工作动机或发展走向呢?

判断未来工作动机和发展走向主要靠三个数据:财政指数、品味指数、生活指数。其中,财政指数为第一、第四、第五、第八项的得分总和;品位指数为第五、第六、第七、第八项的得分总和;生活指数为第二、第三、第六、第七项的得分总和。

哪一项指数得分最高,就表示该求职者未来3年的工作动机或发展走向为该项指数所代表的指数特征或工作风格特征,具体如表7-6。

表 7-6 未来工作动机或发展走向对照表

| 未来方向指数 | 指数特征 | 匹配的工作类型、工作风格特征 |
| --- | --- | --- |
| 财政指数 | 通过努力工作获得财富自由 | 上山型工作,营销风格,业绩能够用数据量化的工作 |
| 品位指数 | 通过团队管理获得事业成就 | 平路型工作,领导风格,能带领团队进行工作或进行职能管理 |
| 生活指数 | 通过成长管理获得生活自由 | 下山型工作,专业技术风格,能通过平衡工作与生活获得自由时间 |

未来的发展走向代表着一个人未来的工作动机。

(1)财政指数最高的人未来需要挣钱,希望通过努力工作获得财富自由。这类人追求的是任务的执行、目标的实现、财务自主的实现和行动力,其价值要得到体现。他们适合上山型的工作类型:营销、生产等业绩能够用数据量化的工作。这种类型的人特质包括四个关键词:执行、目标、财富、行动。

上山型工作的工作难度与工作年限、时间长短成正比,随着时间的推移和工作的推进，这项工作的难度就会加大，比如销售、生产类工作。销售人员工作业绩越好，下个阶段定的任务就越重；任务越重，工作难度也就越大。

（2）品位指数最高的人希望通过团队管理来获得事业成就。这类人为管理型人才，具备掌控和服务双重特征，希望掌控别人，手中要有权力、有官职，制定的战略要通过团队来实施，同时要具备一定的激励能力，能够带领团队工作或进行职能管理，与之相匹配的是平路型工作。这种类型的人特质包括四个关键词：权力、掌控、战略、激励。

平路型工作的工作难度与工作年限、时间长短关系不大，工作难度稳定。人力资源管理、行政管理等职能部门的工作都属于平路型工作。

（3）生活指数最高的人更注重生活需求，追求生活质量、娱乐、健康、自由支配时间和思考空间，属于被激励者。这类人希望通过成长管理获得生活自由，能够通过平衡工作与生活获得自由时间，与之相匹配的是下山型工作。这种类型的人特质包括四个关键词：娱乐、健康、时间、思考。

下山型工作的工作难度与工作年限、时间长短成反比。工作年限越长，积累的工作经验越多，工作就越容易。专业技术、财务等工作属于下山型工作。

### 6. 判断求职者的当前状态

状态测评的结果是对求职者测评时状态的反映，不同阶段状态反映会有所不同，测评时的状态不代表今后一直如此。对求职者当前的状态进行分析时，招聘人员要取得分最高的类项与得分最低的类型进行组合，一共有50种状态，如表7-7所示。

表 7-7  求职者的当前状态对照表

| 1.2 透支 | 1.3 付出 | 1.4 寄生 | 1.5 观望 | 1.6 无规 |
|---|---|---|---|---|
| 1.7 无爱 | 1.8 违法 | 2.1 后穷 | 2.3 自在 | 2.4 体弱 |
| 2.5 放手 | 2.6 职能 | 2.7.1 感悟 | 2.7.2 自闲 | 2.8 自大 |
| 3.4 浪费 | 3.5 品位 | 3.6 婚变 | 3.7 服务 | 3.8 富贵 |
| 4.1 被剥 | 4.2 盲目 | 4.3 勇者 | 4.5 辛苦 | 4.6 苦力 |
| 4.7 远行 | 5.1 权力 | 5.2 领袖 | 5.3 领导 | 5.4 精神 |
| 5.7 亲为 | 5.8 事业 | 6.1 设计 | 6.2 谋士 | 6.3 发明 |
| 6.4 空想 | 6.5 无力 | 6.7 执着 | 6.8 无果 | 7.1 情种 |
| 7.2 无憾 | 7.3 号手 | 7.4 懒惰 | 8.1 精神 | 8.2 路上 |
| 8.3 行僧 | 8.4 超越 | 8.5 保守 | 8.6 大家 | 8.7 冷漠 |

需要特别说明的是：

（1）5.4 和 8.1 属于同一种状态；2.7 代表两种状态，所以用 2.7.1 和 2.7.2 分别表示；

（2）对求职者当前的状态测评出来的组合（最高分和最低分）可能有好几个（几个类型并列最高分，或几个类型并列最低分，存在这种情况），这说明这个人的状态不止一种；

（3）并不是所有的最高分和最低分组合都有相对应的状态，其中有七种最高分和最低分组合就没有相应的状态（3.1、3.2、4.8、5.6、7.5、7.6、7.8）；

（4）这个方法不是完美的，仅作为员工软素质测评的一种参考方法。

50 种状态解析如下。

1.2 透支——干活儿太多，没有休息。

1.3 付出——收入少，付出多。

1.4 寄生——支出比收入要少，挣钱与花钱不成比例。

1.5 观望——不在状态，行动力未充分展示。

1.6 无规——不重视规则，理性思考力弱。

1.7 无爱——表达爱的能力偏弱。

1.8 违法——极有可能因违法而功亏一篑。

2.1 后穷——越过越穷。

2.3 自在——放得太开，压力太小。

2.4 体弱——身体不好。

2.5 放手——放手让别人干活儿，领导欲望不强。

2.6 职能——辅助管理、协助管理角色。

2.7.1 感悟——总结能力强，控制欲望较低。

2.7.2 自闲——自我放松，自己偷懒。

2.8 自大——目空一切。

3.4 浪费——花得多，干得少。

3.5 品位——偏侠客型，管理欲望不强。

3.6 婚变——感情生活可能发生变故。

3.7 服务——用行动提供帮助。

3.8 富贵——渴求物质享受，花钱大手大脚。

4.1 被剥——干得多，得到少。

4.2 盲目——缺乏目标和安全感。

4.3 勇者——总是冲到最前面。

4.5 辛苦——拼命工作，而不是为追求权力。

4.6 苦力——非常辛苦，未获得期望报酬。

4.7 远行——去外地发展。

5.1 权力——管理欲望较强。

5.2 领袖——不一定在领导岗位上，却起到相应的领导作用，偏精神型。

5.3 领导——在其位，谋其政，偏执行型。

5.4 精神——位置比较低，影响力比较大。

5.7 亲为——事务性工作太多，操心太多。

5.8 事业——关注个人事业发展。

6.1 设计——擅长规划。

6.2 谋士——规划能力强。

6.3 发明——擅长研发。

6.4 空想——理想主义者，行动力不足。

6.5 无力——掌控力不足。

6.7 执着——理性型，不易受外界影响。

6.8 无果——现在还没有达到想要的结果。

7.1 情种——为了自己的亲人，愿意付出一切。

7.2 无憾——为了情怀、理想、目标，不惜付出代价。

7.3 号手——非领导的激励者，团队外激励型。

7.4 懒惰——行动力弱。

8.1 精神——位置比较低，影响力比较大。

8.2 路上——离目标还很远。

8.3 行僧——任劳任怨，注重成绩，不在意物质回报。

8.4 超越——超脱具体事务。

8.5 保守——在意外界的看法。

8.6 大家——社会使命感强，有风范，有格局。

8.7 冷漠——激励能力偏低，情感表达不突出。

# 附　录

## 一、软素质测评问卷

请回答下面问题，完全符合为 2 分，基本符合为 1 分，完全不符合为 0 分。

1. 我满脑子都是创业的想法，并且有所行动。
2. 我会理财，可以让钱生钱。
3. 与其他朋友或同学相比，我的收入相对较高。
4. 我有独特的项目，并形成了行动力。
5. 我对未来的事情分析得比较准。
6. 我可以为团队的成功而得罪人。
7. 我善于交际。
8. 我经常做而不是经常说。
9. 我吃饭很在意营养，并且从不多吃。
10. 我一天的睡眠平均不少于 7 个小时。
11. 我对金钱看得很淡。
12. 我时常忘记苦恼的事情。
13. 我几乎没有仇人，不恨别人，也不报怨社会制度。
14. 我每周都运动，每次不少于 2 个小时。
15. 我可以为了身体健康停下工作。

16. 我明白不良习惯对身体的危害。

17. 我认为生命是艳丽的，我可以穿得与众不同。

18. 我没有手机简直不能生活。

19. 我知道很多时尚品牌。

20. 我经常参加娱乐活动。

21. 我身上至少有两件饰品，包括漂亮的包。

22. 我对一件物品动心，就会立即买下来。

23. 我经常没钱，还会借钱，一年至少一次。

24. 我对度假和玩很有兴趣。

25. 我想有更多的压力，只要事业可以更好。

26. 我强调付出，从不强调收入。

27. 我认为只要为公司着想，即使突破制度也有必要。

28. 我想一生都不停地工作。

29. 我常常为公司的发展写出报告。

30. 我经常谈到对公司发展的看法。

31. 我没有发生过吃回扣等公司严禁的事情。

32. 在别人并没有要求的前提下，我经常做家务或公司的事务。

33. 我与别人谈话是为了影响或控制别人。

34. 我没有给别人进行过主观性打分。

35. 我不会拍马屁。

36. 我能控制混乱的局面。

37. 我喜欢管理团队胜过研究技术。

38. 我想做管理者，让下级为此而快乐。

39. 我喜欢哲学，并了解宗教。

40. 我认为自己能向下级合理分配工作，让他们没有怨言。

41. 我喜欢物理。

42. 我有特殊的创意，尝试过并见到了效果。

43. 我有专利或专利级的产品或技术。

44. 我学习能力强，并在某一方面颇为精通。

45. 我不在意工作对我的回报，更在意自己的兴趣。

46. 我经常因为思考或工作而忘记了时间。

47. 我爱看科普类栏目。

48. 我逻辑性强。

49. 我认为家是第一位的。

50. 我工作不是为了钱，而是基于兴趣、情怀或价值体现。

51. 我不说假话。

52. 我为了爱人失去了很多。

53. 我认为承诺比生命更重要。

54. 我会因为情感而放弃工作或生活的城市。

55. 我时常想起初恋。

56. 我发现爱情对我的激励作用很大。

57. 我经常原谅别人。

58. 我认为我身后有追随者。

59. 我有修养，从不说脏话。

60. 我是一个项目的专家，并将别人培训为胜任者。

61. 我出席各级名流活动。

62. 我决不拿不属于自己的东西。

63. 我教同事或下属做好事情。

64. 我赞同现行的规则，并主动提出见解而不是报怨。

## 二、面试官培训纲要

在招聘中，面试是一个至关重要的环节。面试官是否掌握面试技巧直接决定了面试的成败。

（一）面试官常见问题

### 1. 提问毫无章法

（1）重复提问。重复提问多因初试和复试衔接不畅造成。初试面试官没有详细记录初试结果，没有与复试面试官交流，复试时面试官不太了解初试情况，就不可避免地提出与初试相同的问题。尽管这些问题是面试官很关心的问题，但重复提问浪费了面试双方宝贵的时间，使面试官没有更多时间了解求职者更重要的情况。求职者不仅没有机会展示自己的特长，还会因此对企业产生不好的印象，从而影响复试效果。

（2）遗漏重要信息。很多面试官并没有根据岗位对面试所提问题进行具有针对性的、严谨的设计和精心的准备，而是随意提问，致使遗漏重要信息，不利于企业对求职者进行全面了解。

（3）提出无关问题。有些面试官会提出一些与面试毫无关系的问题，有些甚至涉及求职者的隐私，搞得双方都很尴尬。

### 2. 出现晕轮效应

（1）个人偏好。由于缺乏面试流程和专业面试技术的培训，面试官会按个人偏好评价求职者。比如有的面试官看重学历，就对高学历者青睐有加；有的面试官因为自己是销售出身，就对能言善辩者多几分好感，而忽略了所需岗位的特点和要求。

（2）先入为主。面试官在面试一开始会先入为主，从而影响对求职者的综合评价。

（3）以点概面。面试官因为求职者的某一个突出优点而草率地对其做出整体判断。比如，在招聘项目开发负责人现场，某位求职者显示出超强的软件开发能力，面试官就此误认为他是项目开发负责人的合适人选。但实际上，担任项目开发负责人一职，更为重要的是具备团队协调能力和项目管理能力，而不仅仅是有软件开发能力。

### 3. 没有及时记录面试情况或面试情况记录不全

面试官只在面试评价表上对求职者做了一个大概的记录，只有寥寥几句话，甚至面试时什么也不写，只在脑子里记着，等面试之后再一气呵成记录。面试结束后，面试官仅凭模糊的印象和几句简单的总评就对求职者进行分类，决定取舍，显然有失公允，而且准确度不高，也不利于进行事后监督，总结面试结果。

### 4. 忽略求职者的工作动机

很多面试官会将大量精力集中在考察求职者的专业知识、业务能力和工作业绩上，而不大关心其工作动机。求职者如果仅仅为了生计前来应聘，就会迎合面试官的偏好，隐藏起自己真正的喜好和价值取向。更为严重的是，这样的人会因为没有正确的工作动机，缺乏对工作的主动性而处于消极的工作状态，成为管理、考核、激励的障碍。

### 5. 个人行为令求职者不满

面试官提问不专业、不遵守约定的面试时间、要求不统一等都会让求职者产生不满情绪。面试是一个双向选择的过程，求职者来面试是为了对企业进行较为深入的了解，面试的程序、环境、面试官的素养等都会让求职者形成整体印象，直接影响求职者对企业的认知。

### 6. 经验主义

面试官凭借过去的经验对求职者进行判断和评价，有时面试几分钟就结束了，这是对求职者和企业极其不负责任的行为。这会导致每次面试都只能对求职者有一个大概的了解，在试用期里再进一步考查，从而增加新员工使用成本，同时令企业工作效率下滑，甚至造成管理上的隐患（重要客户信息流失、运营机密泄露等）。

（二）培训的基本内容和方式

### 1. 面试流程

面试官必须熟悉面试流程，包括整体流程和各个环节的具体流程。面试官要知晓整体流程包括几个环节，其中关键节点有哪些，每个环节的子流程中又有哪些关键事项和具体规范。

### 2. 面试技巧培训

面试官必须掌握最常用的基本面试技巧，熟练掌握如何问问题、问什么问题、如何评价这三个方面的诀窍，尤其是要通过培训，提升业务部门面试官的提问能力，掌握每个问题的客观评价方法、评价指标、评分细则等。

### 3. 面试工具表单的使用

面试官要学会面试中所用工具表单的使用技能，比如评估表等。

### 4. 仪容仪表、礼仪礼节培训

面试官的微笑、迎接动作等要充分体现对求职者的尊重。

### 5. 面试前模拟演练

对面试官培训需要采取讲授式和模拟演练相结合的方式。尤其是初次担任面试官的人员，在正式参与面试前要进行必要的演练。

### 6. 其他

如果面试官来自业务部门，在考查求职者的专业问题时，要从基础知识技能到高深知识技能逐步递进。面试官不能过分卖弄自己的专业水平，更不能打击求职者的自尊。

（三）面试整体流程

### 1. 理解岗位说明书

明确岗位所需的专业知识、关键技能，作为面试考查内容、评定求职者能否胜任的主要依据。

### 2. 阅读应聘材料

了解求职者的教育背景、从业经历、显著工作成绩等，从中寻找面试时需重点验证的内容，以便设计面试问题；初步评估求职者的发展潜力、稳定性。

### 3. 阅读初试评估表

了解初试的相关意见与结论，明确复试的考查目标，理解复试的要素，以便在面试中进行重点考查。

### 4. 设计面试问题

根据岗位要求的价值观、文化适应性、综合能力，对比应聘材料，结合前端招聘环节意见与结论，确定对求职者的重点考查方向，设计面试问题。建议人力资源部逐步建立健全各岗位面试问题库。

### 5. 采用行为面试法

采用行为面试法时，要注意观察求职者的细节表现，聆听求职者说的话，并对疑点进行记录，追问疑点或细节，控制全程面谈，围绕主题，不跑题。

### 6. 发出结束面试信号

人力资源部招聘人员和用人部门负责人根据面试情况有结束面试的权利。一旦发出结束面试信号，其他面试官就要停止发问，进入下一个环节。面试结束信号一般为：（问求职者）请问您还需要了解公司的哪些情况？（问其他面试官）您们看还有其他问题需要问吗？

### 7. 结束面试

对求职者表示感谢，不当面告知求职者面试结果，告知求职者应聘结果通知方式及时间。

### 8. 面试后评估

综合面试评估结果，给求职者评分，并客观、公平、公正地决定是否录用。

表 7-8　面试流程汇总

| 阶段 | 步骤 | 具体内容 |
| --- | --- | --- |
| 面试前准备 | 1 | 理解岗位说明书 |
|  | 2 | 阅读应聘材料 |
|  | 3 | 阅读初试评估表 |
|  | 4 | 设计面试问题 |
| 实施面试 | 5 | 采用行为面试法 |
|  | 6 | 发出结束面试信号 |
|  | 7 | 结束面试 |
| 面试后 | 8 | 面试后评估 |

## 三、行为面试法

（一）行为面试法定义

行为面试法，又称行为事件访谈，对应的英文缩写为 STAR，它是一种效度较高的面试技术。行为面试法的依据是"过去的行为是未来行为的最好预言"，就是多问过去、少问将来，通过过去的行为判断其经历是否真实有效，而不是听求职者的夸夸其谈。

（二）行为面试法步骤

表 7-9　行为面试法步骤

| 步骤 | 对应中文 | 详细诠释 |
| --- | --- | --- |
| S——Situation | 了解求职者取得业绩的背景 | 通过不断提出与业绩有关的背景问题，可以全面了解该求职者取得优秀业绩的前提，从而获知求职者所取得的业绩有多少与个人有关，多少与市场的状况、行业的特点有关 |
| T——Task | 了解求职者为了完成业绩，需承担哪些工作任务 | "每项任务的具体内容是什么样的？"通过这类问题可以了解求职者的工作经历和经验，以确定他从事的工作与获得的经验是否适合招聘的职位 |
| A——Action | 了解该求职者为了完成这些任务所采取的行动 | 了解求职者是如何完成工作的，都采取了哪些行动，所采取的行动是如何帮助他完成工作的。通过这些可以进一步了解他的工作方式、思维方式和行为方式 |
| R——Result | 关注最终的结果 | 采取行动后，每项任务的结果好还是不好，好是因为什么，不好又是因为什么 |

通过行为面试法这四个步骤，求职者的陈述会逐渐深入，会被挖掘出潜在的信息，从而为企业的决策提供正确和全面的参考，这样既是对企业负责（招聘到合适的人才），又是对求职者负责（帮助他尽可能地展现自我，推销自我），实现双赢。

（三）行为面试法使用技巧

面试官要在面试前对简历进行一定的研究与分析，提前针对不同岗位的任职资格要求、不同简历的特点设计好面试所提问题。要想运用好行为面试法，一定要记住以下几点。

1. 行为面试法关注的是"曾经做过的事"，而不是"假设你会做什么"。

2. 运用行为面试法时，面试官一定要有自己的判断；要想增加效度，就要尽可能综合运用更多的面试技巧。

3. 运用行为面试法时，面试官一定要针对企业招聘岗位的岗位素质模型（岗位胜任力模型）、求职者情况等提前设计面试所提问题，主要围绕求职者取得业绩的背景（S）、承担的任务（T）、采取的行动（A）、最终的结果（R）。面试官要注意，真实的业绩一定具备背景、任务、行动及结果四个方面，而且行动必须与背景和任务契合，确实对所达成的结果具有贡献。同时，求职者在描述取得的业绩时，要清晰地体现出主体"我"所做的工作，而不是"我们"所做的工作。

（四）行为面试法案例解析

A集团针对求职者"沟通协作"这一能力使用行为面试法进行面试考查。下面是面试官提问与追问示例，以及对求职者的回答所进行的分析与处理。

面试官：请谈一下你印象最深的经历——你和企业高层或你的同

## 第七章 慧眼辨真才：高效的面试甄选技巧

事在解决某个问题上有不同的看法，当时你是如何处理你们之间的分歧的？

求职者：这个问题让我想起一件事。这件事发生在 2019 年 3 月。当时公司正在不断拓展业务，在全国很多大中型城市都设立了分支机构或者办事处，这就难免遇到各地薪酬标准不一的问题，甚至同一个城市出现了几套不同的薪酬标准。公司没有成熟的员工驻外薪酬标准管理制度。这让很多员工不满，甚至有些员工因此跳槽。（描述背景）这个问题总得解决，所以我就向公司提出进行人力资源集中化管理。（描述任务）当时，几乎所有人都不支持我这么做，他们觉得各城市自行管理，正好可以让人力资源工作与当地实际情况相结合，而且一直以来没出现什么大问题，没有费力解决的必要。但是我认为，这终究还是存在问题的，所以通过对公司的人力资源集中化管理进行利弊考证，提出"基于企业未来战略发展，集中管理势在必行"的观点。然后，经过充分的纵向和横向沟通，（描述行动）我得到了公司的大力支持。（描述结果）

面试官：你刚才提到，你是经过人力资源集中化管理论证以及充分的沟通来解决分歧的，那么请问，对于集中化管理，你当时都考虑了哪些方面？做了哪些具体工作？怎么做的？（对行动的追问）

求职者：我记得当时我提交了一份公司人力资源集中化管理的报告。我结合公司未来发展战略，阐述了集中化管理的目的与优势：首先，有利于信息共享，进行优势资源整合；其次，公司人力资源管理 15%～20% 是管理性活动，80%～85% 是操作性活动，从公司未来的战略发展来看，未来战略性管理活动会增加，集中管理有利于发挥集体效应；最后，招聘、培训、薪酬、绩效方面的管理工作的统一有利于企业节约管理成本。

（五）行为面试法练习

假设你是面试官，想让求职者讲一讲通过学习尽快完成新任务的案例，请用行为面试法的步骤进行追问。

提问要点：

1. 这件事发生在什么时候？（描述背景）

2. 你承担的任务是什么？（描述任务）

3. 接到任务后你怎么办？（描述行动）

4. 你用了多长时间获取完成该任务所需的知识？（深层次了解）

5. 你在这个过程中遇到困难了吗？（了解其坚韧性）

6. 你最后完成任务的情况如何？（描述结果）

# 四、面试官面试时常用话语及面试要点

## （一）面试气氛营造

表 7-10　营造面试气氛常用话语

| 序号 | 话语 | 面试要点 |
| --- | --- | --- |
| 1 | 欢迎你参加我们的这次面试 | 开场语 |
| 2 | 今天天气很热（冷） | 观察求职者与陌生人交往的意识与能力 |
| 3 | 过来顺利吗？如果到这里来上班，工作地点能接受吗 | 观察求职者的第一反应 |

## （二）基本情况了解

表 7-11　了解求职者的基本情况常用话语

| 序号 | 话语 | 面试要点 |
| --- | --- | --- |
| 1 | 请你自我介绍一下 | 了解求职者的基本信息，同时观察其表达能力、概括能力，语言是否流畅、有条理、层次分明 |
| 2 | 请谈一下你自己性格方面的优缺点。这些会对你所应聘的工作有影响吗 | 了解求职者对自己能否有一个比较全面、深刻、理性的认识，自信、自卑和自傲倾向如何，是否善于自我总结 |

续表

| 序号 | 话语 | 面试要点 |
| --- | --- | --- |
| 3 | 在你朋友眼里，你是一个什么样的人 | 对求职者人际交往能力的侧面考查 |
| 4 | 你有什么业余爱好 | 业余爱好可以反映求职者的性格倾向、观念、心态等 |

### （三）求职动机、求职态度

表 7-12　了解求职者的求职动机、求职态度常用话语

| 序号 | 话语 | 面试要点 |
| --- | --- | --- |
| 1 | 你为什么选择来我们公司工作？你对这个行业，对我们公司有什么了解吗 | 求职者对行业、所应聘公司的了解程度反映了对该职位的重视程度、求职的态度。只为找到一份工作养家糊口而盲目求职的求职者培养潜质不高，但对公司的了解程度不应成为考查的重点 |
| 2 | 你选择工作时最看重的是什么 | 了解求职者对所应聘公司的考虑因素：薪酬福利、工作环境、职业意向、发展前景等 |
| 3 | 你更喜欢什么样的公司 | 判断求职者在本公司的适应性和稳定性 |
| 4 | 请谈谈你现在的工作情况，包括待遇、工作性质、工作满意度等 | 追问对方对目前工作状况的满意程度，再综合其他因素判断其在本公司的稳定性 |
| 5 | 你喜欢什么样的领导和同事 | 喜欢什么样的人，自己也将成为那种人 |
| 6 | 你认为在一个理想的工作单位里，个人事业的成败是由什么决定的 | 这是对价值观的一种提问方式，不同的职位需要不同价值观的人。应聘者的价值观不能和企业文化相差太远 |
| 7 | 你为什么喜欢这种工作 | 了解求职者的职业倾向，以判断对方是否适合应聘的职位 |

## （四）职业规划

**表 7-13　了解求职者的职业规划常用话语**

| 序号 | 话语 | 面试要点 |
| --- | --- | --- |
| 1 | 能谈谈你的职业规划吗 | 求职者的个人职业目标、职业规划 |
| 2 | 接下来的 2～3 年，你计划在职业方面达成什么样的目标 | 公司能否给求职者提供相应的职位及发展空间 |
| 3 | 如果有选择的机会，你最感兴趣的工作是什么？为什么 | 考查求职者的职业倾向、工作稳定性，求职者是否把这份工作仅仅当作一个过渡 |

## （五）离职分析

**表 7-14　了解求职者的离职原因、离职前后的情况常用话语**

| 序号 | 话语 | 面试要点 |
| --- | --- | --- |
| 1 | 你离开上一家公司的原因是什么？你有没有针对这个问题和你的上级沟通过 | 求职者离开上一家公司的原因是他在寻求下一家公司时重点考虑的因素 |
| 2 | 离职前的一个月你都做了些什么 | 求职者对本职工作、公司是否负责，是否留给公司安排接替人选的时间，是否配合工作交接 |
| 3 | 离职后的这一段时间你都在做什么 | 求职者是否为未来的新工作做了必要的准备 |

## （六）岗位了解

**表 7-15　考查求职者对岗位的认知常用话语**

| 序号 | 话语 | 面试要点 |
| --- | --- | --- |
| 1 | 以你的经验谈一下你所应聘职位的工作范围主要有哪些 | 对应聘职位的了解程度，没有相关职位的工作经验很难回答 |

续表

| 序号 | 话语 | 面试要点 |
| --- | --- | --- |
| 2 | 对这份工作，你有哪些可预见的困难 | 了解求职者的心理预期 |
| 3 | 假如我们录用你，你准备怎么开展工作 | 了解求职者工作的计划性、适应能力 |

### （七）人际关系

表 7-16　了解求职者的人际关系常用话语

| 序号 | 话语 | 面试要点 |
| --- | --- | --- |
| 1 | 你的同事（上司、下属）怎么评价你？你认为他们的评价准确吗 | 判断求职者的评价是否客观、中肯，是否夸大其词 |
| 2 | 你对以前的上级怎么评价 | 判断求职者的工作配合度、服从性 |
| 3 | 你希望与什么样的上级共事 | 评估求职者与所聘部门的团队融合性 |
| 4 | 你喜欢和什么样的人交朋友？你和同事相处得怎么样？请详细描述 | 营造轻松氛围，尽量让对方放下戒心，展开阐述，从中观察细节 |
| 5 | 你怎样与你不喜欢的同事安然相处，共同合作 | 观察求职者阐述的是否切合实际 |
| 6 | 你是否认为自己是一个比较受欢迎的人？试说明理由 | 既是对过去情况的了解，又是对自知、自信的考查 |

### （八）工作经验

表 7-17　了解求职者的工作经验常用话语

| 序号 | 话语 | 面试要点 |
| --- | --- | --- |
| 1 | 你现在或最近所做的工作，其职责是什么？具体的事务有哪些 | 求职者是否关注自己的工作，是否了解自己工作的重点，表述是否简明扼要 |

续表

| 序号 | 话语 | 面试要点 |
| --- | --- | --- |
| 2 | 你认为你在工作中的成就是什么 | 了解求职者对"成就"的理解，求职者能力的突出点，能否客观地总结自我 |
| 3 | 你认为该工作的难点或挑战性是什么 | 只有熟悉该工作才能准确地回答此问题，以此判断求职者的能力处于什么层级 |
| 4 | 你主管的部门遇到过什么困难？你是如何处理的 | 解决问题的方法固然重要，但关键考查求职者分析、判断问题的思路，考虑问题是否周全 |
| 5 | 请谈一下你在公司的职位升迁和收入变化情况 | 从职业历程判断求职者的工作成就和对自己的成长投入的努力 |
| 6 | 谈一谈你对公司某一业务的发展规划 | 了解求职者思维的创造性和对工作的感悟能力，以及对这一业务发展趋势的把握程度 |
| 7 | 你以前在日常工作中做得最多的是什么事情 | 通过求职者对自己工作的归纳，判断他对业务的熟练程度和关注度。可依此继续追问细节 |
| 8 | 在你进入这家公司前，你所在部门工作最大的问题是什么？现在有什么改观吗 | 了解求职者对工作的改善能力。要追问细节，避免求职者随意编造或夸夸其谈 |

### （九）事业心、进取心、自信心

表7-18　了解求职者的事业心、进取心、自信心常用话语

| 序号 | 话语 | 面试要点 |
| --- | --- | --- |
| 1 | 你认为现在的工作有什么需要改进的地方 | 追问，避免求职者夸夸其谈 |
| 2 | 你对自己的工作有什么要求 | 根据追求完美还是追求效率，或"对得起这份薪水"等一般性回答，判断求职者的工作特性 |
| 3 | 你认为成功的决定性因素是什么 | 追问：你认为自己具备成功的哪些因素 |

续表

| 序号 | 话语 | 面试要点 |
| --- | --- | --- |
| 4 | 你怎样看待你部门中应付工作、混日子的现象 | 对于管理者候选人可追问：你有什么改善的建议 |
| 5 | 你的职业发展计划是什么？如何实现这个计划 | 有计划的人才是真正有进取心的人，但要看求职者所描述的计划是否适合本岗位，或是否适用于本阶段的本岗位工作 |
| 6 | 领导交给你一个很重要又很艰难的工作，你怎么处理 | 理想情况是求职者在表述中流露出敢担担子、主动解决困难的意愿 |

（十）工作态度、组织纪律性、诚实可靠性

表7-19　了解求职者的工作态度、组织纪律性、诚实可靠性常用话语

| 序号 | 话语 | 面试要点 |
| --- | --- | --- |
| 1 | 你认为公司管得松一些好还是紧一些好 | 无标准答案，关键在于求职者的思路 |
| 2 | 在工作中看见别人违反公司规章制度，你怎么办 | "挺身制止"并非最佳答案 |
| 3 | 你经常对工作做出改进或向领导提建议吗？举例说明 | 能经常主动改进工作（哪怕是微不足道的改进）而不仅仅是提出建议才是好的工作态度 |
| 4 | 领导交给你一件急事，需要你2个小时内完成，但你即使再努力也要3个小时才能完成，这时候你会怎么办 | 考查求职者的团队协作能力 |
| 5 | 你在工作中喜欢经常与主管沟通、汇报工作，还是最终才做一次汇报 | 无标准答案，工作习惯问题 |
| 6 | 你如何看待工作超时和休息日加班 | 理想情况是既能接受加班，又不赞成加班 |
| 7 | 你认为制定制度的作用是什么？怎样才能保证制度的有效性 | 观察求职者是否言不由衷 |

## （十一）分析判断能力

**表 7-20　了解求职者的分析判断能力常用话语**

| 序号 | 话语 | 面试要点 |
| --- | --- | --- |
| 1 | 你认为成功的关键是什么 | 要求求职者分析理由 |
| 2 | 你认为自己适合什么样的工作？为什么 | 希望求职者能切实结合自己的性格、能力、经历进行有条理的分析 |
| 3 | 你认为怎样才能跟上飞速发展的时代而不落后 | 追问：你平时主要采取什么样的学习方式 |
| 4 | "失去监督的权力必然产生腐败"，对于这句话你怎么理解 | 主要考查求职者考虑问题的角度与推导思路 |
| 5 | 吸烟有害健康，但烟草业对国家的税收有很大贡献。你如何看待政府采取的禁烟措施 | 主要考查求职者考虑问题的角度与推导思路 |

## （十二）应变能力

**表 7-21　了解求职者的应变能力常用话语**

| 序号 | 话语 | 面试要点 |
| --- | --- | --- |
| 1 | 在实际生活中，你做了一件好事，不但没人理解，反而遭到周围人的挖苦。这时你会如何处理 | 反馈的时间应作为重点，若求职者在20秒内还没有回答，自然转入下一个问题 |
| 2 | 在一次重要的会议上，领导做报告时将一个重要的数字念错了，如不纠正会影响工作。这时你会怎么办 | |
| 3 | 假如你的主管平时不苟言笑，一天，你正和一位同事议论自己的主管，一转身发现主管面色铁青地站在你们旁边。对此你怎么办 | |
| 4 | 你的一位朋友生病了，你带了礼物去看他，路上正好碰上你的领导，他认为你是来看他的，因此他接下礼物连连致谢。这时你如何向你的领导解释你是来看朋友的，而又不伤领导的面子 | |

## （十三）自我认知力、自控力

表 7-22  了解求职者的自我认知力、自控力常用话语

| 序号 | 话语 | 面试要点 |
| --- | --- | --- |
| 1 | 你认为自己的长处和短处是什么？怎样才能做到扬长避短 | 重点关注求职者对自己短处的描述 |
| 2 | 你听见有人在背后议论你或说风凉话时，怎么处理 | 关注求职者思维的出发点 |
| 3 | 你认为在自己选择的工作领域里，要想取得事业的成功，自己的哪些个性和素质是必需的 | 考查求职者对职业发展的规划，对自己知识储备与择业的客观认识 |
| 4 | 领导和同事批评你时，你如何对待 | 观察求职者是否言不由衷 |
| 5 | 领导在部门会议上当众错误地批评了你，你如何处理 | 求职者无法回答时，面试官可形象举例 |
| 6 | 你工作很努力，取得很多成绩，但你的收入总是没有别的同事高，你怎么办 | 一味只会"调整心态"的做法并不可取 |

## （十四）组织协调能力、适应能力

表 7-23  了解求职者的组织协调能力、适应能力常用话语

| 序号 | 话语 | 面试要点 |
| --- | --- | --- |
| 1 | 从一个熟悉的环境转入陌生的环境，你会怎样去努力适应？大概需要多久 | 不妨先举个实例引导对方，如：想象你到了一个陌生的城市拓展市场…… |
| 2 | 如果你调到了一个新部门，你会如何着手适应新工作 | 重点考查求职者应对工作时的轻重缓急 |

第七章 慧眼辨真才：高效的面试甄选技巧

续表

| 序号 | 话语 | 面试要点 |
| --- | --- | --- |
| 3 | 你是愿意与不同地位、职业、年龄、经历、性格的人打交道，还是更偏向于哪一类人？举三个不同类型的朋友简单描述一下 | 重点看求职者更偏向于和哪类人打交道；通过举例验证其客观真实性 |
| 4 | 如果由你牵头，组织有关部门制定5年发展规划，你应该如何开展工作 | 适用于中、高层管理候选人 |
| 5 | 如果让你接待一起群众上访工作，你应考虑从哪几方面做好这项工作 | 考查求职者思维的缜密性 |
| 6 | 你部门的主管安排你写一份计划书，你写完后交付主管审阅，他很不满意，但你的计划书中的想法曾受到主管的赞同，这时你该怎么办 | 追问时力求条件苛刻，观察求职者在压力下的反应 |
| 7 | 如果你受到严厉的批评怎么办 | 根据回答追问，避免被对方堂皇的语言敷衍 |
| 8 | 你更喜欢主动地开展工作，还是由上级指挥工作 | 两类人都有可取的地方，当求职者选择其中一个时，可追问他对另一类人的看法 |
| 9 | 你喜欢独立工作，还是与别人合作 | 两种工作方式都有可取的地方，当求职者选择其中一种方式时，可追问他对另一种方式的看法 |
| 10 | 与主管意见相左的时候，你会用什么方式让主管接受你的意见 | 公司需要的不是力争到底的坚持，而是进一步搜集资料，通过人际关系来积聚力量，寻找正确的决策和方法 |

## 五、面试评估表

[示例1]

| 姓名 | | 应聘部门 | | 应聘职位 | |
|---|---|---|---|---|---|
| 一、测试题评估 ||||||
| 笔试题得分（满分100分） ||||||
| 二、专业面试评估（用人部门填写） ||||||
| 专业技能 | 基础知识 | □优 □良 □一般 □差 |||| 评语（优势和不足）： |
| | 专业技能 | □优 □良 □一般 □差 ||||
| | 学习能力 | □优 □良 □一般 □差 ||||
| | 发展潜力 | □优 □良 □一般 □差 ||||
| 行业资源 | 人脉资源 | □优 □良 □一般 □差 ||||
| | 客户资源 | □优 □良 □一般 □差 ||||
| | 其他资源 | □优 □良 □一般 □差 ||||
| 结论：□建议复试 □推荐_____ 岗位 □不合格 ||||||
| 面试人签字： | | | | 日期： | |
| 三、素质面试评估（人力资源部门填写） ||||||
| 工作经历匹配度 | 履历真实性 | □是 □否 |||| 评语（优势和不足）： |
| | 行业背景 | □同行业 □其他行业 ||||
| | 岗位经历 | □相同岗位 □相似 □不同 ||||
| | 工作业绩 | □优 □良 □一般 □差 ||||

第七章 慧眼辨真才：高效的面试甄选技巧

续表

| 综合素质与能力 | 逻辑思维 | □优 □良 □一般 □差 | 结论：□建议试用 □建议复试 □人人才信息库 □不合格 |
| --- | --- | --- | --- |
| | 沟通与表达 | □优 □良 □一般 □差 | |
| | 团队协作 | □优 □良 □一般 □差 | 来源：□自投 □搜索 □内推 □招聘会 □其他 |
| | 职业规划 | □符合公司需求 □不符合 | |
| | 文化匹配度 | □偏高 □正常 □偏低 | 面试人签字： 日期： |
| | 薪酬匹配度 | □偏高 □正常 □偏低 | |

四、综合评估
评语：
结论：□录用 □人人才信息库 □淘汰                                             面试人签字：      日期：

五、背景调查  是否已完成：□是 □否                                            结果属实：□是 □否    调查人：

六、录用信息  录用部门：_____；入职日期：_____
录用岗位（规范名称）：_____；直属领导：_____；导师：_____
座位安排：_____办公地点：_____  □不需配电脑 □需配电脑

七、薪酬标准  实习期：____个月；实习津贴：____元/月（税前）
试用期：____个月；试用薪酬：____元/月（税前）；转正薪酬：____元/月（税前）
其他：

八、录用审批

| 部门负责人 | 人力资源部 | 总经理/董事长 |
| --- | --- | --- |
| | | |

注：如需董事长审批，请打印董事长审批邮件，附于此表之后。

- 177

【示例2】

| 求职者姓名 | | 性别 | | 应聘岗位 | | | |
|---|---|---|---|---|---|---|---|
| 学历 | | 用人部门 | | 面试阶段 | □初试 □复试 | | |
| 招聘渠道 | □网络 □内部员工推荐（ ） □现场招聘 □其他 | | | | | | |
| 评价标准 | 1. 评价表实行五分格评价，由高到低依次为：优秀、良好、一般、较差、极差； <br> 2. 每一项能力达到岗位要求的评价至少为基本符合； <br> 3. 请面试官在对应的表格内打"√"； <br> 4. 要点备注在于记录在回答过程中提到的一些有用的信息或数据。 | | | | | | |
| 人力资源部初试评估 | | | | | | | |
| | 评价维度及要素内容 | | 优秀 | 良好 | 一般 | 较差 | 极差 | 要点备注 |
| 个人基本素养 | 仪容仪表 | 发型得体，表情自然，面部、头发干净，着装整洁大方得体，口腔无异味，言谈举止端庄大方 | | | | | | |
| | 语言表达能力 | 能否将自己的思想观点顺畅、准确、有逻辑地表达出来 | | | | | | |
| | 责任感 | 诚实、负责、办事自信，对以往的工作负责 | | | | | | |
| | 分析判断能力 | 认识问题并获得有效的信息，根据获得的信息提出解决问题的可行性方案 | | | | | | |
| | 应变能力 | 面对外界环境发生改变，能否及时、快速地做出正确的反应，沉着应对、冷静对待 | | | | | | |
| | 自我评价 | 能够客观、正确地评价自己的优势和不足 | | | | | | |

续表

| | 评价维度及要素内容 | | 优秀 | 良好 | 一般 | 较差 | 极差 | 要点备注 |
|---|---|---|---|---|---|---|---|---|
| 录用匹配度 | 稳定性 | 主要考查工作变换的频次、离开工作岗位的原因 | | | | | | |
| | 求职意愿 | 从事这一行业的动力，来我公司工作的动力，到我公司服务的意愿程度 | | | | | | |
| | 职业素养 | 职业兴趣、职业价值观、职业生涯是否与企业文化相融性 | | | | | | |
| | 个性特征 | 个性特征与企业文化的相融性 | | | | | | |
| 个人情况 | 离职原因 | 求职者履历中的离职原因 | | | | | | |
| | 生活背景 | 求职者的生活、家庭背景与经历 | | | | | | |

测试评估

| 评估部门 | 测试内容 | 优秀 | 良好 | 一般 | 较差 | 极差 | 要点备注 |
|---|---|---|---|---|---|---|---|
| 人力资源部 | | | | | | | |
| 用人部门 | | | | | | | |
| 高层复试 | | | | | | | |

续表

## 用人部门专业复试

| | 测试内容 | 优秀 | 良好 | 一般 | 较差 | 极差 | 要点备注 |
|---|---|---|---|---|---|---|---|
| 工作经验 | 工作经验 | 过往的工作岗位、工作职责与所应聘的岗位的吻合程度 | | | | | | |
| 专业知识 | 专业知识技能 | 是否具备应聘岗位要求的专业知识和技能,专业知识和技能是否健全 | | | | | | |
| | 学习能力 | 学习工作所需的新知识、技能的速度和掌握情况 | | | | | | |
| | 可塑性 | 专业潜力是否具有可塑性 | | | | | | |

## 人力资源部填写

| | | | | | | | | |
|---|---|---|---|---|---|---|---|---|
| 个人方面 | 离职原因 | 求职者履历中的离职原因 | | | | | | |
| | 生活背景 | 求职者的生活、家庭背景与经历 | | | | | | |
| | 与原单位劳动关系 | 与原单位劳动关系能否处理妥当(含劳动关系解除、保密和竞业禁止等事项) | | | | | | |
| | 工作地点、工作时间有无要求 | | | | | | | |
| | 薪酬 | 薪酬现状 | | | | | | |
| | | 薪酬期望 | | | | | | |

- 180 -

第七章 慧眼辨真才：高效的面试甄选技巧

续表

| 面试综合评价 | 求职者优势评估 | | 求职者劣势评估 | |
|---|---|---|---|---|
| | 人力资源部 | ☐ 建议录用 | ☐ 建议不录用 | |
| | 用人部门 | ☐ 建议录用 | ☐ 建议不录用 | |
| | 高层复试结果 | ☐ 建议录用 | ☐ 建议不录用 | |
| 面试官签名 | | 面试日期 | 年 月 日 | |

填写说明：

1. 仪容仪表。重点考查衣着打扮、言谈举止等，评估求职者的心理素质。
2. 语言表达能力。考查求职者组织语言的能力，评估求职者能否流利地表达思想和观点，是否有口吃、大舌头等问题。
3. 分析判断能力。考查求职者独立完成工作、在工作中体现分析与解决问题的能力。
4. 应变能力。考查求职者独立完成工作、在工作中快速反应、解决问题的能力。
5. 责任感。考查求职者独立完成工作、在工作中体现责任感。
6. 自我评价。评估求职者能否客观评价自己的优缺点，评价是否中肯，是否有正确的认知，是否回避过往经历。
7. 工作经验。通过对曾经的工作经历的提问，考查求职者是否具有应聘岗位所需的相关或相近工作经验。
8. 专业知识技能。通过对曾经的工作内容、岗位职责及专业知识的提问，考查求职者是否具有应聘岗位所需的业务知识和技能的学习经历。
9. 学习能力。通过已取得的学历和职业资格证书，参加过的学习、培训以及现在是否持续学习，了解求职者是否具有学习习惯及学习能力。
10. 稳定性。通过工作的更换频率和离开工作岗位的原因，考查求职者的工作稳定性，能否长期为公司服务。
11. 求职意愿。通过"为何到我公司应聘"等问题，了解求职者的求职动机以及来公司的意愿强度；通过前一岗位的离职原因，了解其求职意愿。
12. 职业素养。通过求职者3～5年的工作规划，了解其职业兴趣和职业价值观。
13. 个性特征。通过沟通过程以及对工作经历的了解，确认求职者的性格类型，评估其性格是否符合目标岗位和企业文化需求。

- 181

# 第八章

## 薪酬谈判：定价策略的落地实践

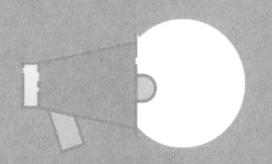

企业招聘一旦进入薪酬谈判环节，就如同一部电影进入了故事发展的高潮，劳资双方开始展开跌宕起伏的博弈。招聘人员经常有这样一种感受：求职者顺利通过初试、复试直到终试，心里一块石头即将落地，殊不知"行百里者半九十"，最艰难的战役往往就在最后一个环节——薪酬谈判，一旦处理不好，就有可能前功尽弃。

薪酬谈判是企业招聘的临门一脚，是决定招聘成败的关键，更是企业与求职者之间的心理博弈。在这个环节，招聘人员只有遵循一定的原则和方法，才能事半功倍。

## 第一节
## 双赢思维：正和博弈，实现双赢

营销谈判中，最关键的是价格谈判。前期所有的努力是前功尽弃还是开花结果，就取决于价格谈判。营销谈判的目的不是让一方完全接受另一方的条件，而是双方达成合作，其中运用的所有策略与方法都是为了实现合作。这就要求谈判双方在谈判过程中克服一些人性的弱点，时刻以达成合作为目标。也就是说，谈判双方的博弈不应该是零和博弈，而应该是正和博弈。

零和博弈是一方赢，另一方输，参与谈判的双方一方受益，另一方必然受损，博弈双方的收益和损失相加总和为零，属于非合作性博弈。即便双方最终达成合作，也总有一方不满。

正和博弈则属于合作性博弈，意味着双方的利益都有所增加，或者至少一方的利益增加，而另一方的利益不受损。正和博弈是一场双赢谈判，结果双方都很满意。

谈判中有一个金三角：一边是自身需求，另一边是对方需求，在自身需求与对方需求的基础上构成一个金三角，即共同基础。谈判应该以双赢为结局，让谈判对手产生更快乐和更安全的感觉，同时自身也得到了相应的满足。

双赢谈判将谈判当作一个合作过程。谈判双方通常在利益与需求上存在一定矛盾，需要通过谈判来化解，并共同寻找能满足双方需求的解决方案。双赢谈判不仅要通过谈判化解矛盾，还要找到更好的方法满足双方的需求，解决权利、责任和义务的分配问题，如成本、风险、市场和利润的分配问题。双赢谈判的理想结果是"我们都有所收获"。

双赢谈判聚焦的是价格，但很多人往往不能真正理解价格的本质。价格不仅仅是一个数字，它还承载着采购数量、规格型号、付款方式、运输方式、交货周期、售后服务内容等一系列成交条件。一个优秀的营销人员可以在守住底线的条件下以任何价格将任何产品销售出去，并且实现双赢，让客户和企业都不会感觉吃亏。通过谈判来成交，无非是对价格承载条件的增减而已。

企业支付员工的薪酬就是劳资双方的成交价格。只有真正理解价格的本质，掌握薪酬谈判的方法与技术，招聘人员在薪酬谈判时才能跳出误区，进行正和博弈，实现双赢的目的。

## 第二节

## 薪酬谈判：掌握薪酬切割定薪法，实现共赢

在薪酬谈判环节，招聘人员往往难以跳出个人的思维局限，加上受所谓的薪酬谈判的"技巧"影响，很容易进入三个误区。

### 1. 区别对待离职和在职的求职者

对已经离职的求职者，有些招聘人员会认为他们对薪酬的心理预期相对较低，薪酬谈判的心理承受力相对较弱，因此会压低他们的薪酬待遇；对在职的求职者，有些招聘人员则认为他们内心没有那么焦虑，薪酬的心理预期相对较高，薪酬谈判的心理承受力较强，因此会抬高他们的薪酬待遇。如果招聘人员采取这种区别对待的策略，那么已经离职的求职者虽然接受薪酬谈判的结果，成功入职，但只要他在入职后发现自己的薪酬低于其他人，就会感到心理不平衡，不排除会骑驴找马，给后续工作埋下隐患。

### 2. 一味追求低薪酬成交

为了降低用人成本，有些招聘人员在与求职者谈判时，往往以低薪酬成交为主要原则。企业人工成本管理的目的绝对不是降低员工个体薪酬的绝对值，而是降低企业人工费用所占成本比例。如果一味追求低薪酬成交，企业会失去很多优秀人才。

### 3. 在薪酬谈判过程中，以零和博弈的心态使用"小技巧"

有些招聘人员在谈判时会采取所谓的"压、拉、隐、放"四字秘诀：

· 营销式招聘 ·

> 企业人工成本管理的目的绝对不是降低员工个体薪酬的绝对值，而是降低企业人工费用所占成本比例。

压出谈薪空间，拉长企业优势，隐去计算细节，放慢谈判节奏。这些"技巧"也许能让招聘人员赢了谈判，但同时也会埋下隐患，输掉员工的稳定性和心理平衡感。

《神雕侠侣》中有这么一个情节：杨过得到了一件神奇的兵器——一把非常厚重的铁剑，上面铸刻八个大字"重剑无锋，大巧不工"。"重剑无锋，大巧不工"的意思是，真正的剑技不是依靠锐利的剑锋，而是依靠个人的修行。薪酬谈判中的各种谈判技巧、方法就像剑锋一样，它们固然很重要，但更重要的是让我们的剑厚重起来，这就要求我们在薪酬谈判时要秉持真诚、坦诚以及双赢的原则。只有这样，我们才能实现"重剑无锋，大巧不工"。

在薪酬谈判中，招聘人员要以"双赢谈判，让符合企业或岗位需求的优秀人才与企业牵手，顺利入职"为目标，要坚持两个核心原则：

### 1.企业薪酬支付产出比没有超标

人力资源管理工作的价值不是降低员工个体薪酬的绝对值，而是提高贡献率。

我们用一个案例说明。假如有A、B、C三人，A的经验丰富、能力和业绩比较突出，他的薪酬当然比B和C都高，但A创造的价值超过B和C两人之和；B和C比较普通，他们的薪酬都比A低，但二人薪酬之和要远远大于A的薪酬。如果你是企业负责人，你更愿意高薪聘用像A这样的高手，还是愿意低薪聘用像B和C这样的一般员工呢？

从个人人工成本绝对值的角度看，聘用B、C的成本低，表面上具有价格优势。

> **薪酬谈判的两个核心原则**
> 1. 企业薪酬支付产出比没有超标。
> 2. 企业薪酬待遇能够达到或者超越求职者的期望值。

但在实际工作中，聘用A比聘用B和C的价值要大得多，通俗地说，聘用A更划算。不过，很多企业更习惯或者更倾向于聘用薪酬看起来比较低的B和C，不愿意提高薪酬聘用A这样的高手。

### 2. 企业薪酬待遇能够达到或者超越求职者的期望值

首先，招聘人员要向求职者解释清楚薪酬标准并不等于实际收入；其次，招聘人员要向求职者详细解析企业的薪酬结构、其他福利待遇等；最后，企业要提供高薪酬标准，再配以合理、客观的绩效要求。

具体来说，薪酬标准和实际收入是两个概念。薪酬标准是确定绩效考核的薪酬基数，实际收入则取决于绩效考核的结果。薪酬具有刚性的特点，一般来说，员工只要没有过失，薪酬可涨不可降。从员工的心理认知来看，薪酬标准一旦确定，后期再上调的难度很大。因此，员工更乐于接受"高薪酬标准＋合理、客观的绩效要求"，即在明确考核规则的前提下，企业可以满足或超越求职者的需求，实现正和博弈。

这两个核心原则用一句话概括就是，企业没有多花钱，并且能够满足甚至超越求职者的薪酬预期。

我们在前文提过，在营销谈判过程中，价格不仅仅是

- 189

• 营销式招聘 •

一个数字，它还承载着采购数量、规格型号、付款方式、运输方式、交货周期、售后服务内容等一系列成交条件，价格高低对应着承载条件的增与减。招聘人员在薪酬谈判中也要借鉴营销谈判的方法。其中，薪酬切割定薪法是一种很重要的方法。

薪酬切割定薪法一共分为三个步骤：第一步，针对能呈现成果的岗位进行岗位职责量化；第二步，在岗位薪酬标准范围内，把完成每项岗位职责所需的技能进行定薪；第三步，制定考核标准，并将考核标准与工作成果相关联，实现多劳多得。

我们结合下面的案例解析薪酬谈判时如何应用薪酬切割定薪法。

某公司招商部要招聘员工，在薪酬谈判时采用了薪酬切割定薪法。为此，招聘经理在面试前进行了充分准备。

招商部员工的岗位职责有10项：

1. 招商文案的策划、编写；
2. 培训课题的开发；
3. 培训课件PPT的编制；
4. 市场数据的统计、分析；
5. 产品培训宣讲；
6. 组织、主持招商会议；
7. 招商活动的策划；
8. 社交媒体宣传推广；
9. 图片拍摄和设计、视频拍摄、后期编辑制作；
10. 会销促单成交。

第一步，针对能呈现成果的岗位进行岗位职责量化。案例中，招商部员工的岗位职责可分解出 14 项对应的工作技能，换句话说，招商部员工要完成岗位职责，需要具备 14 种技能：

1. 能够策划、撰写文案；

2. 能够开发培训课题；

3. 精通 PPT；

4. 精通 Excel；

5. 精通 SPSS[①]；

6. 精通 Adobe Photoshop（图像处理软件）；

7. 精通摄影技术；

8. 精通视频拍摄、后期制作；

9. 能够担任会议主持；

10. 精通社交媒体的内容策划、推广运营；

11. 能够进行会销；

12. 能够策划促销活动；

13. 能够组织实施促销活动；

14. 能够进行产品培训。

第二步，根据招商部员工的薪酬标准，把完成每项岗位职责所需的技能进行定薪。这样既能体现岗位分工，又能鼓励员工积极主动学习相关技能，达到激励员工向复合型人才发展的目的。假如招商部员工的宽带薪酬[②]范围是 3000 ~ 7000 元，结合实际情况，对第一步切割出来的技能的价值进行评估核定：技能越重要、难度越大，其定薪标准就越高；技能越次要、难度越小，其定薪标准就越低。最终形成的薪酬切割定薪明

---

① SPSS：全称为 Statistical Product Service Solutions，即"统计产品与服务解决方案"软件。
② 宽带薪酬："带"指工资级别。"宽带薪酬"指工资浮动范围比较大。与之对应的是窄带薪酬，即工资浮动范围小，级别较多。

细见表 8-1。

表 8-1　薪酬切割定薪明细

| 类别 | 序号 | 技能 | 薪资标准 | 最终薪资核算 |
| --- | --- | --- | --- | --- |
| 基本技能 | 1 | 精通 PPT | 600 元 | |
| | 2 | 精通 Excel | 900 元 | |
| | 3 | 能够担任会议主持 | 800 元 | |
| | 4 | 精通 SPSS | 1200 元 | |
| 讲师技能 | 5 | 能够开发培训课题 | 1800 元 | |
| | 6 | 能够进行会销 | 2000 元 | |
| | 7 | 能够进行产品培训 | 1500 元 | |
| 设计技能 | 8 | 精通 Adobe Phtoshop | 900 元 | |
| | 9 | 精通摄影技术 | 900 元 | |
| | 10 | 精通视频拍摄、后期制作 | 900 元 | |
| 策划技能 | 11 | 能够策划促销活动 | 1000 元 | |
| | 12 | 能够组织实施促销活动 | 1000 元 | |
| 社交媒体运作 | 13 | 能够策划、撰写文案 | 1000 元 | |
| | 14 | 精通社交媒体的内容策划、推广运营 | 1100 元 | |

根据上表，求职者可以综合自身能力，对薪酬进行菜单式确认，即按照能力切割定薪。这样，员工入职后能否涨薪、涨薪的条件和主动权就掌握在自己手中，想涨薪，就要看自己能习得哪种技能、胜任哪些工作。一旦员工确定自己具备相应技能、能胜任相应工作，薪酬就可以相应增加。不同企业、不同部门的薪酬标准不一样，只要把各项技能进行

切割就可以了。这种方法能够有效促进员工自我提升的主动性，很大程度上缩短员工的成长周期。

第三步，制定考核标准。薪酬切割定薪后，企业要设定出每项职责的考核标准（包括工作数量和工作质量），员工可以多劳多得。当然，考核标准要按照绩效考核指标设定的四个维度"多、快、好、省"（数量、时间、质量、成本费用）进行设计。

以上就是薪酬切割定薪法的实际操作方法。招聘人员掌握这一方法，会对薪酬谈判有很大的帮助。

## 第三节
### 动态定薪：根据实际情况进行动态调整

如果一个营销人员没有精准挖掘到客户的需求，没有了解客户的购买意愿，或者没有建立起客户对个人或品牌的信任，对所推广的产品或者服务没有深刻的了解，客户询问价格时，营销人员直接回答，那么很多时候成交流程就到此终止了，客户一般难以和我们成交。

薪酬谈判如同营销过程中的价格谈判。很多没有面试经验的招聘人员在对求职者的个人经历、经验、技能等基本信息做完考查，进入薪酬谈判环节时，都喜欢问求职者一句话："您期望的薪酬待遇是多少？"

这句话只要说出来，往往就会改变薪酬谈判的轨迹，让招聘人员面临不利形势。如果求职者的期望值超出企业的薪酬范围，招聘人员无论如何应对都将陷入被动的局面，甚至陷入僵局；如果他的期望值没有超越企业的薪酬范围，只要招聘人员对其需求予以肯定，告诉他"没问题，您的薪酬要求我们可以满足"，求职者就会立即开始在心里嘀咕，觉得薪酬要少了，进而出现反悔的情况。

为了防止求职者"悔单"，招聘人员在进行薪酬谈判前要做好三项准备工作：

1.在正式进行薪酬谈判前，招聘人员要带领求职者按照事先设计的参观路线进行参观考察。通过参观考察，求职者会一步步地验证该企业符合他的选择标准、求职理念和需求。这是至关重要的一步。

2. 在薪酬谈判之前，招聘人员必须根据企业的薪酬体系、薪酬制度，结合求职者的基本情况（简历信息、面试评价），预估出企业能够为他提供的薪酬标准。

3. 准备好相应的文件，如《岗位说明书》（包括岗位晋升通道、任职资格）、《岗位绩效考核制度》、《岗位薪酬制度》（包括岗位薪酬结构、宽带薪酬范围、调薪条件）、《公司培训规划》等。如果上述文件不齐全，在面试前，人力资源部门一定要做好相应补充，尽可能保证这些文件齐全。

这三项准备工作，其中第一项和第三项比较容易做，第二项准备工作需要一定的方法与步骤。以管理部门某岗位为例，具体预估的步骤为：

第一步，对求职者的简历赋分和面试评价结果进行加权处理。假定招聘人员已经对简历进行了筛选、赋分，通过面试已经对求职者的专业知识、技能有了充分的评价（根据面试评价表），接下来要把简历赋分和面试评价结果进行加权处理，比如简历赋分按 30% 权重、面试评价按 70% 权重处理，得出最终评定分数，即：

求职者的最终得分 = 简历赋分 ×30%+ 面试评价 ×70%

第二步，对求职者的最终得分进行等级划分。根据求职者的最终得分，划分出 A、B、C、D 与淘汰五个等级，如表 8-2。

表 8-2 最终得分等级划分

| 最终得分 | 90 分以上 | 80～89 分 | 70～79 分 | 60～69 分 | 60 分以下 |
| --- | --- | --- | --- | --- | --- |
| 等级 | A | B | C | D | 淘汰 |

第三步，对岗位薪酬进行等级划分。假如该岗位的薪酬范围是

• 营销式招聘 •

3500～5000元，则可以划分为 A、B、C、D 四个等级，见表8-3。

表8-3 岗位薪酬等级划分

| 等级 | A | B | C | D |
|---|---|---|---|---|
| 薪酬范围 | 4800元以上 | 4500～4800元 | 4000～4500元 | 3500～4000元 |

第四步，根据等级预估薪酬范围。将求职者的最终得分等级和岗位薪酬等级进行匹配，就可以预估出求职者的薪酬范围。

上述案例中描述的薪酬预估方法，我们在实际工作中要根据具体情况灵活应用。

首先，我们需要提前对所有岗位的薪酬范围进行等级划分，这样才可以在薪酬谈判中对求职者的薪酬范围进行预估。

其次，上述案例适用于工作业绩无法直接量化的管理部门人员的薪酬预估，对于业绩可以直接量化的岗位，则需增加相应的评价维度。比如，在对营销岗位做薪酬预估时，要综合求职者的简历分数、所销售的产品在某区域的市场成熟度（产品进驻该地区的时间、全年实现销售额、该地区城市评价）、入职后销售业绩的自我预估、管理幅度等维度进行综合评估。这是因为销售岗位的应聘人员入职后开展工作，其所在目标市场的成熟度不同，工作难度就不同；自我预估能完成的销售任务（面试时预估业绩和入职后实际达成业绩关联考核，作为薪酬兑现依据之一）不同，个人的付出（工作量）不同；团队管理幅度大小（团队人数多少）不同，工作难度也不同……这些都是薪酬预估时必须参考的因素。

## 第四节

## 谈判步骤：如何谈才能不崩盘

市场营销中，在产品性能、价格等满足客户需求的前提下，企业提供的增值服务往往会成为签单成交的定盘星。对客户而言，商务合同条款内的服务，即便是超出合同标的额对应的内容，客户也认为是通过谈判争取到的，是商家的义务。只有超出合同条款的服务，才叫增值服务。在成交过程中，有经验的营销人员特别擅长使用订单关怀，经常给客户提供合同条款之外的增值服务，制造意外惊喜，防止客户悔单。有经验的营销人员会梳理好企业能提供的增值服务，找出对客户比较有吸引力的内容，并且在签单之前不会透露给客户，等合同签订之后再择机提供，这样客户既能收获意外惊喜，又会对营销人员产生强烈的信赖和好感。这对推进成交及提高客户对产品的认同度、忠诚度有极其重要的作用。

同样，企业在做招聘时，招聘人员在和求职者进行薪酬谈判前要对薪酬谈判推进步骤进行设计，提前准备好给求职者的意外惊喜。这样，在薪酬达成一致后，求职者会感到更安全、更满意，对企业的认同度会更高。

薪酬谈判前的准备工作做好后，接下来就要进入具体谈判环节了。在这一节，我们将详细讲解薪酬谈判的具体步骤和话术，看看如何谈才能不崩盘。

薪酬谈判中很重要的一点是，招聘人员要换位思考，站在求职者的角度营造出融洽的氛围，成功说服优秀的求职者。换位思考，就是思其所思，想其所想。大量调研数据和事实证明，要想成功说服求职者，使他顺利入职，招聘人员必须围绕着五个方面（5F沟通结构）进行沟通。这五个方面分别是适合（Fit）、家庭（Family）、自由（Freedom）、财富（Fortune）和乐趣（Fun）。

### 1. 适合

在了解求职者的发展方向和目标、需求、价值观后，要表现出企业愿景、需求和文化等与他的目标、优势和价值观相一致。"我们公司就是这种情况……很适合你。"

### 2. 家庭

在了解换工作对求职者生活的影响、家庭成员的影响后，与对方沟通"企业会这样做，能减少换工作对你家人的影响"。

### 3. 自由

告诉求职者的职责权限，以及在其职责范围内，他有较高的独立自主性。"公司会给你做决定的充分自由，不会事事插手。"

### 4. 财富

通过向求职者介绍企业经营的稳定性、整体的盈利情况及薪酬晋升体系，让求职者感觉到"如果实现了目标，未来的收入既可观又可预期"。

### 5. 乐趣

了解求职者喜欢的工作环境，然后用具体事例证明企业的工作环境符合他的喜好。

这五个方面是很多求职者的担忧之处。在面试中，招聘人员可以运

## 第八章 薪酬谈判：定价策略的落地实践

用 5F 沟通结构，通过连环六步进行薪酬谈判，达成共赢。

第一步，针对适合性做陈述。招聘人员要向求职者表明，通过沟通了解，认为其个人兴趣、职业发展方向与企业对该岗位的重视程度、企业的文化理念及可提供的发展空间非常吻合，这份工作非常适合他。

第二步，针对薪酬结构和福利条件进行讲解。在这一步，招聘人员要向求职者讲解薪酬制度，展示企业的岗位薪酬结构、薪酬标准、薪酬调整的条件、岗位任职资格等。招聘人员讲解薪酬结构和福利条件，目的是引导求职者关注总收入，而不是只盯着薪酬标准，让他看到可预期的前景，与期望值对标，为第五步询问他薪酬期望值提前做好预设。待他回答期望值时，如果原来的薪酬期望值和企业所提供的薪酬标准有差距，他内心就会进行斟酌，是否调整期望值。

第三步，展示企业能为岗位和求职者提供的资源及支持。在这一步，招聘人员要进一步展示企业针对该岗位制定的培训体系、可提供的资源及支持，让求职者看到企业为他提供的职业发展规划，以及确保规划达成的措施和资源条件。这样能让求职者看到薪酬上可预期的前景及保障，同时让他感觉到该企业是适合他的平台，可以为他提供提升自我的完善条件，能够为他未来的发展提供支持。

第四步，说明岗位考核的制度及薪酬调整周期。招聘人员要向求职者展示岗位考核的制度及薪酬调整周期，尤其是短周期考核（缩短了薪酬调整周期，提升了薪酬增长速度）和薪酬调整的相关措施，目的是让求职者看到薪酬调整的及时性、易达成性。这样能解决当下薪酬低的问题，让求职者能够以当下换未来，感受到虽然当下薪酬水平略低，但未来可期。

第五步，询问求职者薪酬期望值。经过前面几个步骤，求职者会对企业有理性、客观的评价。他如果感觉企业的发展方向、理念、价值观、对岗位的重视程度以及能提供的空间等比较符合其期望，此时再被问及薪酬期望值，他就会将企业制度、岗位薪酬条件等与其自身条件进行对比，将薪酬期望值调整到既不违背他期望的薪酬底线，又符合企业薪酬标准的程度。一般情况下，求职者都会先对薪酬期望值进行调整，再回答招聘人员提出的有关薪酬期望值的问题。

第六步，说明当下薪酬标准，未来可能超越薪酬期望值的条件以及企业能够为此做出的保障措施。当求职者说出薪酬期望值后，招聘人员要将之前所做的薪酬预估与求职者的期望值进行对比。如果求职者的期望值在预估范围内，招聘人员就要依照就高不就低、附加考核的原则，尽可能提供超越求职者期望的薪酬标准，同时明确告知其实际收入由绩效考核结果决定。

如果求职者提出了一个比较高的薪酬期望值，与企业既定的薪酬标准差距过大，招聘人员应如何沟通呢？

这时，招聘人员务必坦诚地和求职者进行交流。首先，不要直接拒绝求职者的薪酬要求，可以就薪酬切割定薪的具体内容，与求职者进行深度沟通；其次，让求职者做一个假设性的预估："假如我们能满足你的薪酬要求，那么你对未来的业绩指标做一个预估，包括在试用期你可以达到什么业绩指标？未来你有什么工作计划，能达到什么样的标准？"如果求职者的预估业绩指标和薪酬要求在企业接受范围内，那么招聘人员可以与求职者达成一个协议：试用期及转正初期，按照企业规定的标准提供薪酬；在预定的时间内达到预期业绩指标，企业可以补齐试用期及转正初期的差额。从整体上来看，企业能够满足甚至超越他的期望值。

在营销工作中，有经验的业务人员在成交之后善于使用订单关怀，给客户制造意外惊喜，从而确保客户不会悔单。同样，在招聘工作中，招聘人员在与求职者谈定薪酬标准之后也要使用"订单关怀"。招聘人员可以根据企业相关的激励制度，为求职者找到薪酬福利待遇之外的收入增长点，让求职者收获意外惊喜。比如，在薪酬谈判结束后，招聘人员可以采取这样的话术："为激励员工成长，明确发展方向，公司有一个《员工发展成长激励基金制度》，旨在鼓励那些在技术、管理、服务等方面愿意利用业余时间主动学习与提升的员工，每个月有 200～500 元的成长基金，每半年评估发放一次。你入职后，如果有兴趣，我可以帮你报名……"

这就是薪酬双赢谈判的连环六步。它是根据心理学原理，按照求职者的决策逻辑顺序设计的，顺序不可调整，否则会导致求职者决策延迟或出现异议。种什么因得什么果，招聘人员在与求职者进行薪酬谈判时，尽可能多一些坦诚、真诚，少一些小"聪明"，以双赢的心态与求职者交流，让彼此感受到舒畅、和谐的氛围，进而排除更多的隐患和麻烦。

第九章

# 提高转正率：只有留住新人，招聘才有意义

通过发布招聘信息、筛选简历、初试与复试、薪酬谈判等一系列环节,招聘人员终于找到比较满意的求职者,给他们发送录用通知后,他们顺利入职。此时,很多招聘人员会长舒一口气:"哎呀,经历九九八十一难,我终于修成正果,取回真经了。"但其实,这并非招聘工作的终点,而是另一个起点。入职的新人只有通过试用期,顺利转正,招聘才有价值。

## 第一节
## 招聘忌讳：只管开发，不管满意度

企业财务管理中有一个公式：

企业资产 = 所有者权益 + 负债

通俗地说，所有者权益就是能让我们支配，或是循环投入后能重复给我们带来价值、利益的东西，也就是能给我们挣钱的东西；负债则是指无法供我们支配，或是只能让我们花钱、无法给我们挣钱的东西。

我们把这个公式套用在招聘工作中，会得出这样的公式：

企业的招聘资产 = 胜任且稳定的员工 + 不稳定的员工

因此，人力资源部门要想增加企业的招聘资产，必须招到胜任且稳定的员工，或者通过招聘后的管理让员工胜任且稳定，尽可能减少不稳定的员工数量。新人只有留下来，招聘才有价值，招聘资产才能增值。

那么，如何提高新员工的转正率，或者如何尽可能地提升招聘资产、降低招聘负债呢？我们借用市场营销学来分析一下应该如何做好招聘后的管理。

市场营销成交闭环流程一共有八个步骤：建立信任、挖掘需求、达成共识、企业展示、产品展示、临门一脚、订单关怀和销售回顾。其中，订单关怀至关重要。订单关怀工作做得是否到位，直接决定了客户最终能否履约。在营销工作中，很多缺乏经验的销售人员认为客户只要签约了，销售工作就大功告成，对客户的关心程度和关注程度远不如签单前，立即把精力转向开发新的客户。于是，各种麻烦事接踵而至：有的客户明确表示不履行订单；有的客户提出异议，表现出悔单的意向；有的客户认为销售人员存在欺骗行为，开始讨要说法，讨要不成就解除合同……在成交过程中，有些客户的消费行为属于冲动消费，有些客户则患得患失，尽管签了约，但之后会认为自己当时考虑不周，或者顾虑太多，觉得没有足够的安全感。

有经验的销售人员会把客户签单作为一个新的起点。及时进行订单关怀的目的就是通过进一步采取更深入的服务措施，有效避免客户的反悔心理，把客户后悔、顾虑、怀疑的程度降到最低，避免客户取消订单。订单关怀的措施主要包括两种：一种是给客户提供合同约定之外的增值服务，给客户制造意外惊喜；二是成交后立即主动介绍或推进下一步行动措施，让客户尽快从怀疑或后悔的心理状态中抽离出来。

具体来说，在订单关怀阶段，销售人员必做的事有三件：第一，通过一系列措施，让客户确信这次成交是明智的选择；第二，告诉客户他非常重视这个业务；第三，告知客户后续要做的事项，并进一步安排实施。引导客户关注后续事宜，而不是关注自己的决策是否正确，能让他快速从怀疑或后悔的心理状态中抽离出来，同时通过后续工作，提升客户的满意度。

例如，一位做窗帘的业务人员通过一系列沟通与小区的一位业主达成一致的意见，双方即将成交。这时，有经验的业务人员会做三件事：第一，拿出一沓单据告诉业主，之前从来没有以这么低的价格成交过，隔壁小区3位业主一起订购窗帘，自己也没有给他们这么低的价格，这会让该业主觉得此次成交决定是非常明智的；第二，告诉业主，自己想尽可能多地谈下这个小区的窗帘业务，非常感谢业主给自己这次成交的机会，自己一定把窗帘做好，成为一个样板，让更多业主看到并激发更多成交额；第三，告诉业主，自己看到业主家里有间儿童房，猜想家里应该有个孩子，并询问孩子多大了、什么性格、有什么兴趣和爱好……然后将这间儿童房内的家具、装饰拍下来，回去后立即做一个效果图发给业主，让业主看一下窗帘和室内环境是否匹配，是否符合孩子的性格、兴趣和爱好。业务人员这一连串的行动，能成功地将客户的关注点转移到成交后的行动中，而不是纠结成交的决定是不是草率。如此一来，客户悔单的概率就会降低很多。

对于招聘人员而言，新员工入职报到不是招聘的终点，而是另一个起点。如果把招聘工作视为市场营销，招聘人员面临的客户有两个：求职者和用人部门负责人。求职者通过面试并入职，进入试用期后，为避免两个客户出现FUD[①]现象，招聘人员接下来就要做好订单关怀，通过更深入的服务措施，有效消除求职者和用人部门负责人的反悔、怀疑和不安全心理，避免悔单或订单被取消（优秀人才在试用期主动辞职或被用人部门辞退），提升新员工转正率。

具体来说，通过面试甄选环节，企业和求职者双方达成一致意见，成交之后，招聘人员就可以开始进行订单关怀。为了让求职者提前进入角色，招聘人员要与用人部门负责人沟通，请他提供两方面的帮助：一是根据岗位工作性质和职责，给新员工开具一份需要学习或了解的资料清单，并在不违反公司保密制度的情况下尽可能提供一些资料供新员工学习；二是给新员工安排一项不超出其经验与技能范围的工作任务，让新员工有已经入职的心理认知。

招聘人员要尽量让用人部门负责人和求职者直接沟通。这样，双方都会产生一种心理承诺，进而把悔单概率降到最低。

---

① FUD：Fear、Uncertainty、Doubt 三个英语单词的缩写，译为恐惧、疑惑、怀疑。

## 第二节

## 精准辩证：新员工的心理发展阶段及离职的三大诱因

订单关怀三件事或者成交之后的跟进服务，都是为了增强客户黏性、提升客户忠诚度。客户忠诚度如同婚姻关系，都需要经营。

在市场营销中，增强客户黏性、提升客户忠诚度有一个模型公式：

客户黏性指数（客户忠诚度）= 可实施的利他行为 × 实施次数 × 持续时间

可实施的利他行为、实施次数和持续时间这三个因素共同决定了客户黏性和客户忠诚度。

可实施的利他行为这个因素中，"可实施"指的是基于现有条件可以做到的行为或可以实施的措施；"利他"指的是换位思考，站在对方的角度思考对方希望我们做哪些事情，希望我们提供哪些服务与支持，希望我们下一步有哪些举措。实施次数指的是做了多少次，反映的是执行力度，利他行为做得越多，客户的黏性越强，忠诚度越高。持续时间则是指实施的利他行为的时间，持续的时间越长，客户的黏性越强，忠诚度越高。

掌握客户黏性指数的精髓，对我们的工作、生活都有极大帮助。我们常说婚姻有三年之痛、七年之痒，这正是由于结婚之后利他行为与恋爱时期相比实施的次数太少、持续的时间太短。两人相恋时，一方会挖

# 第九章 提高转正率：只有留住新人，招聘才有意义

空心思做对方喜欢的事情。比如，有些男人不喜欢逛街，但在谈恋爱时，只要女朋友开心，他们就会乐此不疲地陪逛。结婚之后，随着时间推移，妻子想逛商场，他们会很不耐烦，宁愿蹲在商场门口等待。真正懂得经营婚姻的人通常具备营销思维，能够用客户黏性指数理论来经营婚姻，很少出现三年之痛、七年之痒。

掌握客户黏性指数理论，无论对营销工作，还是对婚姻生活都大有裨益。同样，在招聘管理中，招聘人员一定要清楚新员工的心态，站在新员工的角度考虑问题，思考新员工入职后，希望企业为他做哪些事情、给他提供哪些帮助与支持。新员工的期望就是招聘人员的工作方向。

S公司今年招聘了23名应往届本科毕业生。新员工入职报到后，S公司人力资源部安排了7天的岗前培训。

培训第一天下午，郭军等几名新员工闲暇之余想找老员工了解一下公司的具体情况。他们看到了老员工汪强，就上前打了个招呼。郭军非常客气地给汪强递上一支烟，帮他点燃后便交流起来。汪强的一番话熄灭了郭军等几名新员工刚被点燃的激情的火苗："我在S公司工作5年多了，对公司还算比较了解。其实，公司管理比较乱，我早就想辞职了。像我这样情况的员工不占少数。你们都是高才生，还比较年轻……"听完汪强的一番话，几名新员工感到非常不安。第二天，有3名新员工递交了辞职申请，离开了公司。这3个人的辞职，给其他新员工留下了不同程度的心理阴影。

新员工苗晶晶被安排在客户服务部。S公司产品线比较多，产品型号、产品系列复杂，苗晶晶面临诸多事情：产品咨询、售后支持、服务投诉……接触到的客户形形色色，有的比较客气随和，有的比较急躁，有的会无理取闹……苗晶晶感到力不从心，对自己的能力

- 209

• 营销式招聘 •

产生了怀疑，失去了自信。她尽管对公司各方面比较满意，但认为自己不适合这份工作，于是入职不到两个月就提出了辞职。

新员工刘新明在工作中的处境极为不妙，他一直认为部门经理对他的工作不满意。在刘新明看来，每次他都全力以赴地去完成领导安排的工作任务，但是每次都被部门经理挑出一大堆问题，并遭到严厉批评。他不知道应该如何与领导相处，心情一直非常压抑。在试用期结束的前一周，刘新明向公司递交了辞职报告，同时辞职的还有两名与他相同处境的新同事。他们的辞职报告流露出对公司的福利待遇和发展前景比较认可，但没有办法与部门领导相处的态度。

人力资源部负责人陆续收到了质检部、企业管理部、采购部等部门经理交来的终止新员工试用期的报告。尽管他们终止试用期的理由各不相同，但有一个共同的原因：在工作期间，新员工总是对工作方案唱反调，提出各种反对意见。尽管人力资源部负责人与这些部门经理进行了沟通，但是部门经理们最终还是坚持自己的意见：辞退。被终止试用期的5名员工虽有不舍，但还是遗憾地离开了公司。随后，又有6名员工或主动辞职或被辞退，离开了公司。

S公司招聘的23名新员工，最终通过试用期、顺利转正的只有5人，转正率为22%。其余18个人或是带着不安，或是带着遗憾，或是带着不舍离开了S公司，不得不再次求职。但是，这18个人并不知道背后真实的情况：汪强因为违反公司纪律刚被处分，心中怨恨未消；苗晶晶在客服岗位上的遭遇是每个客服人员的必经阶段，并非其能力有所欠缺，也并非其不胜任或者不适合客服岗位；刘新明的部门经理是一个关注细节、工作严谨且标准极高，又不善于沟通的人，他并非对刘新明不满意。

S公司人力资源部不得不再次面对补充新人的任务，重新开始招聘工作。

可见，如何对招进来的新员工进行试用期管理，如何提高新员工的转正率，是招聘人员必须面对、必须认真思考的问题。

一般来说，新员工获得一份工作后，在一定时间内还会继续寻求更好的工作机会，这是一个客观存在的事实，企业必须得接受。很多企业只是在一味抱怨新员工的责任心和忠诚度不够、太有个性等，只希望新员工一入职就能进入工作状态，适应岗位工作，而不愿花时间与新员工进行适当的沟通，不愿对其进行适当的培训与引导，忽略对新员工心理状况的分析和对其生存空间的考虑。

通常来说，新员工进入公司后，心理上会经历四个阶段。在不同的阶段，他们会有不同的感受，呈现出不同的工作状态。

第一阶段：愉悦期（新鲜期）。新员工之所以入职，是因为他在入职前通过了解，对公司抱有一定的期望。初入公司，他在心理上进入了愉悦期。但是，任何公司都有优势和不足。在新员工处于愉悦期时，人力资源部应该通过培训、沟通来引导他们客观看待公司的真实状况，包括正面和负面的认知，让他们对公司和自己的未来抱有理性的期望。这样能够减轻新员工在将来某一时刻听到或看到公司的负面信息时失落的程度，避免心理落差太大，同时也避免了让非正式渠道成为新员工获取企业信息的主要渠道。一般情况下，非正式渠道都是一些所谓的"小道消息"，多是负面信息，而且在传播过程中很容易被渲染和夸大，十分不利于新员工的心理稳定。

第二阶段：失落期（反悔期）。新员工磨合一段时间，度过愉悦期后，就会进入失落期。他们通过在公司的所见所闻，逐渐发现公司这样或那样的问题，从而产生一种心理落差感。如果这种心理落差得不到及时调

> **新员工的四个心理阶段**
> 第一阶段：愉悦期（新鲜期）；
> 第二阶段：失落期（反悔期）；
> 第三阶段：调整期（适应期）；
> 第四阶段：收心期（稳定期）。

整，他们内心就会非常不安。比如，他们听到老员工发牢骚，看到一些内部矛盾，发现员工之间拉帮结派、论资排辈等问题，或是通过公司处理的一些"不公平"事件察觉到管理过程中存在的一些问题，再或者在工作过程中遇到被老员工排斥、其他部门不配合、上级主管不关心、不适应领导的管理风格等问题，都会使其内心产生失落感。他们之所以感到失落，正是因为他们在工作中的实际感受与当初的设想、面试时面试官给予的承诺不一样，进而产生了一种被欺骗的感觉。如果在这个阶段，人力资源部能够加强对他们的关心和管理，创造一个良好的工作氛围，那么他们失落的程度相对就会较轻。

第三阶段：调整期（适应期）。新员工度过失落期后，就会进入调整期。在这个阶段，他们尽管看到了公司的不足之处，但是通过及时沟通，自己的认知会逐渐理性化。一个理性的员工在这个时候会坦然地面对这些问题，因为他知道没有完美之地，公司存在这样或那样的问题是正常的。正是因为公司存在这些问题，所以他才拥有提升、发展和证明自己的机会。如果在这个阶段，人力资源部没有对新员工进行正确的引导，他们就会觉得这种公司没有值得自己留下来的理由。所以，调整期就是一段价值观的选择和博弈时期。在这个阶段，人力资源部应该对新员工加强引导，向他们指明公司在发展过程中能够为他们提供的发展空间和机会。

第四阶段：收心期（稳定期）。随着时间的推移，新员工逐渐熟悉了工作环境，变得坦然起来。一部分人会选择留下，另一部分人则会出局。

对新员工进行入职后的管理，目的就是既不能轻易地放走一个对企业发展有用的优秀人才，又不能轻易留下一个不符合企业用人要求、影响企业开展工作的人。

根据对新员工入职之后离职的数据统计分析，我们发现，新员工离职有三个敏感期（高发期）和三大诱因。第一个敏感期是入职一周内，第二个敏感期是转正前，第三个敏感期是入职半年到一年之间。

这三个敏感期源于公司存在的三个诱因。

1. 新员工入职后对环境的融入度较低及老员工对他的包容度较低，是新员工在敏感期内离职的第一诱因。尤其是通过猎头渠道招来的中高端"空降兵"，其转正率备受关注。一个人从原工作单位进入新单位，脱离舒适区后，内心不安全感会剧增。此时如果新单位的"生存生态"差，再叠加敏感期，他必然会离职。

2. 不适应直线经理（直接管理者）的管理风格，以及直线经理对新员工不够关心和关注。在人力资源管理工作中盛行一个观点：一个人因为公司而入职，因为直

> **新员工离职的三个诱因**
> 1. 对环境的融入度较低及老员工对他的包容度较低；
> 2. 不适应直线经理的管理风格，以及直线经理对他不够关心和关注；
> 3. 在薪酬待遇和发展空间方面，进行横向、纵向和内外部对比后产生的心理落差。

接管理者而离职。无论新员工还是老员工，其流失或成长与直线经理密不可分。

3. 在薪酬待遇和发展空间方面，新员工进行横向、纵向和内外部对比后产生的心理落差。如果新员工横向对比其他岗位的待遇，纵向对比发展晋升的收益，或是与在其他行业和企业的同学、朋友进行对比，心理落差比较大，加上在公司的工作时间相对较短，对新环境没有归属感，就会离职。

## 第三节
## 转正率：四大举措，提升转正率

新员工入职之后的四个心理阶段、离职的三个敏感期和三个诱因是招聘人员做招聘后管理工作的立足点。招聘人员站在这个立足点上开展工作，可以有效提升新员工的转正率。具体来说，主要有四项措施。

1.给新员工入职营造仪式感。仪式感是人们表达内心情感最直接的方式，它无处不在，可以为每一个普通的日子赋予丰富的精神内涵。

给新员工营造仪式感，需要注意的是：如果入职人数比较多，人力资源部就可以统一组织；如果入职人数比较少，人力资源部就可以将新员工带到所属部门，由部门组织入职仪式。部门可以举办一个简单的欢迎仪式，新老员工相互做自我介绍，部门负责人对新员工提出期望，对老员工提出在工作和生活上多指导、关心和支持新员工的要求，新员工表达一下在工作中的自我要求、目标和信心。有条件或有传统习惯的部门借这个机会组织一次迎新聚餐等形式的团建，也是不错的方式。

2.在新员工报到前，将新员工的简历和相关资料发到用人部门和工作上有交集的相关部门。举例来说，假如你是一名新员工，迎面走来不认识的其他部门同事，这位同事主动和你打招呼，并亲切地叫出了你的名字；与同事交流的时候，对方可以说出你的一些经历或优势……这时，你就会感受到同事之间友好的氛围，感受到同事对你的关注和了解，进而增强融入感。

3.编制《人才使用手册》和《领导者管理风格手册》。我们购买电器设备的时候，厂家会附带一份产品使用说明书，这是为了用户便捷地掌握使用技巧，更好地体验产品。人才（人力资源）是一种特殊的产品，做到人尽其才、才尽其用，把合适的人放在合适的岗位上，就能达成"人人是人才"的用人目标。新员工和用人部门负责人相处时，如果彼此都能掌握对方的性格编码，就能和谐、融洽地相处。要达到这两个目的，人力资源部就要编制新员工和用人部门负责人的"使用说明书"。

把招聘工作视为市场营销，招聘人员要面临两个客户，一个是入职的新员工，另一个是用人部门负责人。在新员工入职这项工作中，人力资源部要编制出两份"使用说明书"：一份是新员工的"使用说明书"，即《人才使用手册》，交给用人部门负责人，供他阅读参考；另一份是用人部门负责人的"使用说明书"，即《领导者管理风格手册》，交给新员工，供他阅读参考。

无论在职场中还是日常生活中，人和人之间的矛盾冲突大都源于彼此误解，而误解源于沟通不畅，沟通不畅则源于没有用对方能接受的方式沟通。之所以没有用对方能接受的方式沟通，大多数情况下是因为彼此不知道对方能接受哪种沟通方式。《人才使用手册》和《领导者管理风格手册》的编制和使用，能够促进新员工和用人部门负责人之间的双向沟通，达到彼此理解的效果。

编制《人才使用手册》和《领导者管理风格手册》的具体步骤为：

第一步，利用专业测评系统（如DISC、PDP、九型人格等）对被测评人进行测评，确定被测评人的天赋特质、类型；

第二步，了解被测评人的天赋特质、类型后，再明确他的沟通方式、工作风格、沟通禁忌、适合的激励方式、发展方向、擅长领域以及盲区等；

第三步，编制出《人才使用手册》和《领导者管理风格手册》。

新员工到用人部门报到前，人力资源部将涵盖新员工基本情况和相关信息的《人才使用手册》送到部门负责人手上，这样部门负责人不仅能对新员工的专业知识与技能、工作经验有清晰和全面的了解，还能对新员工的天赋特质、性格特点、沟通风格等形成清晰的认知，进而知道应该如何与新员工沟通。同样，新员工去用人部门入职前，人力资源部把员工的《岗位说明书》和反映入职部门负责人情况的《领导者管理风格手册》发给新员工，这样新员工不仅能对工作职责有清晰的了解，还能对部门负责人的天赋特质、性格特点、沟通风格等形成清晰的认知，进而知道应该如何与部门负责人沟通。

通过三份"产品说明书"，我们就让部门负责人和新员工之间有了彼此理解的基础，使他们用对方能接受的方式沟通，进而减少误解，规避矛盾冲突，创造和谐的工作氛围。

| 第一步 | 第二步 | 第三步 |
|---|---|---|
| 专业系统测评，确定天赋特质、类型 | 明确特点：沟通方式、工作风格、沟通禁忌、适合的激励方式、发展方向、擅长领域及盲区等 | 编制《人才使用手册》《领导者管理风格手册》，分别发给部门负责人、新员工 |

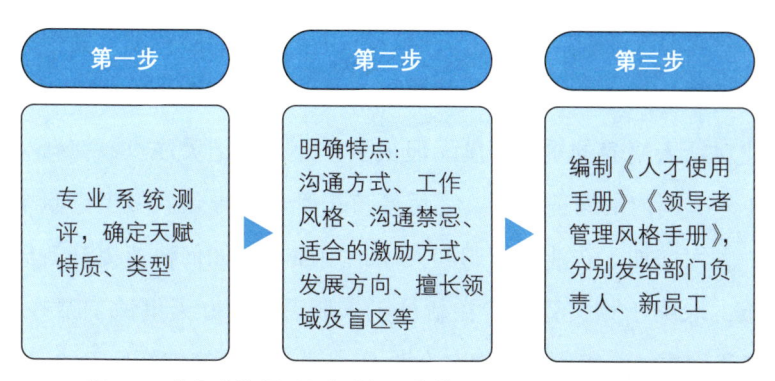

图 9-1 《人才使用手册》《领导者管理风格手册》编制步骤

4.建立并实施培养联系人制度。一个人在进入一个新团队时，环境变了，角色变了，内心的想法也会随之改变。任何一名新员工都需要经历与新同事双向了解、相互磨合的过程，有的人能够顺利过渡，有的人可能出现水土不服等不良反应，反应程度或轻微或剧烈。新员工在新环境中由于缺乏交流对象，情感得不到倾诉，难免心中郁闷，产生压力。如果新员工一直找不到释放方式与途径，压力堆积到无法承受的地步，就只能离职。

因此，新员工入职后，人力资源部要给每个新员工配备一名培养联系人，这样能够及时了解新员工的思想波动情况、工作或生活中出现的困难等，在新员工需要倾诉的时候，可以及时出现在他身边。这样对新员工的成长有极大的帮助。

培养联系人和新员工要定期进行沟通，原则上每周都要沟通一次，并填写《沟通记录表》。沟通内容主要为新员工在这一阶段的工作情况，工作中遇到的困惑，需要协调或支持的事项，等等。

通过上述四项措施，多管齐下，对新员工进行关怀和关注，就可以有效提高新员工在新的工作环境、工作岗位上的适应能力，使新员工顺利地过渡，最终提高转正率，提升企业的招聘资产。

我们在前文讲过，新员工入职后有三个离职的敏感期，其中一个是入职半年到一年之间。企业对新员工前6个月培养期的工作部署，体现出企业对新人培养的重视程度。但很多企业往往把关注点放在新员工入职后1~2周内的岗前培训，之后便疏于管理，导致新员工离职率居高不下，大大增加了企业的招聘和人才录用成本。如何快速提升新员工的融入感，取决于相关管理者在新员工入职后的180天里做了哪些工作。接下来我们看一个案例——知名企业H公司是如何管理新员工的。

H公司对新员工入职后180天的管理计划，共分为七个阶段。

第一阶段：新人入职，让他知道自己是来干什么的。

时间：入职 3~7 天。

为了让新员工在 7 天内快速融入企业，管理者需要做到以下七点：

1. 给新员工安排好工位，并让工位周围的同事做自我介绍（每人介绍的时间不少于一分钟）；

2. 开一个欢迎会或组织一次聚餐，介绍部门里的每一位同事，让他们与新员工相互认识；

3. 直接上司与新员工单独沟通，让他了解公司文化、发展战略等，同时让直接上司了解新员工的专业能力、从业经验、职业规划与兴趣爱好；

4. 人力资源主管告诉新员工岗位的工作职责、发展空间及工作价值；

5. 直接上司向新员工明确安排第一周的工作任务，包括每天要做什么、怎么做，并告诉他与任务相关的部门负责人是谁；

6. 直接上司及时发现新员工日常工作中的问题并纠正（不做批评），及时给予肯定和表扬（反馈原则），检查每天的工作量，了解工作难点在哪里；

7. 让工作一年以上的老员工尽可能多地和新员工接触，消除新员工的陌生感，让其尽快融入团队。

关键点：一起吃午饭，多聊天，不要在第一周内谈论过多工作目标，给予新员工过多工作压力。

第二阶段：新人过渡，让他知道如何能做好。

时间：入职 8~30 天。

转变往往是痛苦的，但又是必须的。管理者需要在较短的时间内帮助新员工完成角色过渡，以下提供五个关键方法：

1. 带领新员工熟悉公司环境和各部门的人，让他知道怎么写规范的公司邮件，怎么发传真，电脑出现问题找哪个人，如何接听内部电话等；

2. 最好将新员工安排在老员工旁边，方便观察和指导；

3. 及时观察新员工的情绪状态，并及时帮他做好调整，通过询问了解他是否存在压力；

4. 适时把自己的经验传授给新员工，让他在实战中学习；

5. 对新员工的成长和进步及时给予肯定和表扬，并提出更高的期望。

第三阶段：让新员工接受挑战性任务。

时间：入职31～60天。

在适当的时候给予适当的压力，往往能促进新员工的成长，但大部分管理者选择错误的方式向新员工施压。正确的做法是：

1. 知道新员工的长处及掌握的技能，说明工作要求及考核指标要求；

2. 多开展团队活动，观察新员工的能力和优点，使他扬长避短；

3. 新员工犯了错误，给予改正的机会，观察他处于逆境时的心态和行为，判断培养价值；

4. 如果新员工实在无法胜任当前岗位的工作，看看是否适合其他岗位的工作，多给他一些机会。

第四阶段：表扬与鼓励，建立信任。

时间：入职61～90天。

管理者很容易吝啬表扬的语言，或者缺乏表扬的技巧。表扬一般遵循及时性、多样性和开放性三个原则：

1. 当新员工完成具有挑战性的任务，或者有进步的时候，直接上司应及时给予表扬和奖励，即遵循表扬的及时性原则；

2.给予新员工多种形式的表扬和鼓励，即遵循表扬的多样性原则；

3.向其他同事展示新员工的成绩，并分享其成功经验，即遵循表扬的开放性原则。

第五阶段：让新员工融入团队，主动完成工作。

时间：入职91～120天。

对于新生代员工来说，他们不缺乏创造性，很多时候更需要管理者耐心指导他们如何进行团队合作，如何融入团队。对此，管理者应该从以下四点入手：

1.鼓励新员工积极参与团队会议并在会议中发言，在他们发言之后，做出表扬和鼓励；

2.多通过会议商讨激励机制、团队建设、任务流程，分享个人成长经验和其他工作经验；

3.与新员工探讨任务处理的方法与建议，当新员工提出好的建议时，要及时肯定他；

4.及时处理新员工与老员工之间的矛盾。

第六阶段：赋予新员工使命，适度放权。

时间：入职121～179天。

4个月后，新员工一般情况下会转正，成为正式员工，随之而来的是新的挑战。新员工真正成为公司的一分子，管理者的任务重心要随着转到以下五点：

1.帮助新员工重新定位，让他重新认识工作的价值、工作的责任、工作的高度，找到自己的目标和方向；

2.时刻关注新员工的动态，当他有负面情绪时，要及时给予疏

导;当他问负面的、幼稚的问题时,要多从积极的一面解答他的问题;

3. 让新员工感受到公司的使命,要放大公司的愿景和文化价值,放大战略决策和领导的意图,聚焦凝聚人心和文化落地,聚焦正确方向和高效沟通,聚焦绩效提升和职业素质;

4. 当公司有重大事件或振奋人心的消息时,要鼓励大家多分享;

5. 适度放权,让新员工自行完成工作与发现工作的价值并享受成果带来的喜悦,但放权不宜一步到位。

第七阶段:总结,制订发展计划。

时间:入职180天及以上。

半年之后,通过绩效面谈,对新员工做一次正式评估并让他谈一下个人发展计划。完整的绩效面谈一般包括六点。

1. 每个季度保证1~2次一个小时以上的正式绩效面谈。面谈之前做好充分的调查,做到有理、有据、有法。

2. 绩效面谈要明确目的,让新员工自评:做了哪些事情,有哪些成果,为成果做了什么努力,哪些方面有不足,哪些方面和其他同事有差距。

3. 管理者对新员工的工作成果、能力、日常表现做出评价,先肯定成果,再谈不足。谈不足的时候,要结合具体事例。

4. 协助新员工制定目标和措施,让他做出承诺,监督检查他达成目标的进度,协助他达成既定的目标。

5. 为新员工争取提升与发展的机会,多与他探讨未来的发展,至少每3~6个月给新员工进行一次评估。

6. 给予新员工参加培训的机会:鼓励他平时多学习、多看书,让他制订出成长计划,分阶段检查其成长的情况。

# 附　录

## 一、公司新员工培养联系人制度（参考文本）

为提升新员工的转正率、缩短新员工达到岗位胜任标准的时间，为新员工职业晋升提供强有力的支持，解决新员工在工作、生活等方面的问题，创造开放、畅通、温馨的环境，特制定本制度。

（一）培养联系人范围

1. 公司招聘的新员工，职位在总监（副总经理）及以下，入职后均配备培养联系人一名。

2. 原则上，公司主管以上职位、技术及业务骨干均承担培养联系人责任。

（二）新员工培养联系人规定

1. 新员工入职之日起至转正期间，根据岗位、职务等分层次确定培养联系人。培养联系人的确定，遵循直线上级、技术及业务骨干、隔级管理者交叉匹配等原则。

2. 培养联系人要定期与新员工进行沟通，了解新员工的思想状态、工作状况、生活情况，需要协调或支持的事项，并填写登记表（见表9-1）与沟通记录表（见表9-2）。

3. 经理、总监、副总经理、总经理除了按照第1条中的交叉匹配原则作为某些新员工的培养联系人，还要隔级选取一定人员作为关注对象，比如副总经理要把经理级员工作为培养联系关注对象，总监要把一定比例的主管级员工作为培养联系关注对象。

· 营销式招聘 ·

（三）培养联系人要切实承担起培养联系任务，按时与新员工沟通，不得走过场，不得代为沟通，每周将沟通情况汇总，报给人力资源部。人力资源部要根据反馈的信息制定相应的联动措施。

表9-1　培养联系人登记表

| 序号 | 新员工 | 岗位 | 职务 | 联系人 | 沟通周期 | 备注说明 |
|---|---|---|---|---|---|---|
|  |  |  |  |  |  |  |
|  |  |  |  |  |  |  |
|  |  |  |  |  |  |  |
|  |  |  |  |  |  |  |
|  |  |  |  |  |  |  |
|  |  |  |  |  |  |  |

表9-2　培养联系人沟通记录表

联系人：　　　日期：

| 姓名 |  | 岗位 |  | 部门 |  | 入职时间 |  |
|---|---|---|---|---|---|---|---|
| 本期工作成绩 | | | | | | | |
| 工作中遇到的困惑 | | | | | | | |
| 需要协调或支持的事项 | | | | | | | |
| 生活中遇到的困难 | | | | | | | |
| 发现的思想波动 | | | | | | | |
| 下阶段关注点 | | | | | | | |

## 二、《人才使用手册》样本

《H公司人才使用手册》

手册阅读说明：该手册通过PDP工具对员工的天赋管理特质进行分析，帮助企业管理者更全面地认识员工的天赋特质优势与个性特质盲点，从而在管理中更好地用人所长，发挥员工的最大价值。手册对每一位员工的具体分析包括以下几个方面内容。

· 个人基本信息

· 天赋特质优势分析

· 个性特质盲点分析

· 擅长的工作领域

· 近期工作状态呈现

· 管理指导建议

一、个人基本信息

表9-3 个人基本信息

| 姓名 |  | 单位 | H公司 |
|---|---|---|---|
| 部门 |  | 见习岗位 |  |

二、天赋特质优势分析

1. 以结果为导向，注重事情的价值与成效；

2. 主导性较强，能够抓住事情的关键点；

3. 不惧竞争，喜欢有一定挑战性的事物；

4. 做事专注于工作目标，直指主题；

5. 善于抓大放小；

6. 做事行动力强，注重效率和节奏；

7. 喜欢掌控，经常有掌控工作的强烈需求，并且会努力求取成功；

8. 勇于竞争，敢于接受挑战和承担责任，具有较强的竞争意识；

9. 具有一定冒险精神，能够独立自主地开展和完成工作；

10. 习惯凭过往经验和直觉做决策，决策速度快；

11. 擅长做开创性工作。

三、个性特质盲点分析

1. 决策速度过快，有时会冲动，做出错误决定；

2. 不喜过多规则的约束，风险防范意识不强；

3. 比较关注事，对人关注不够。

四、擅长的工作领域

最容易产生高绩效的工作领域：市场开拓、渠道建设、业务管理等。

五、近期工作状态呈现

表9-4　员工近期工作状态

| 序号 | 指标 | 结果 | 改善建议 |
| --- | --- | --- | --- |
| 1 | 工作满意度/士气 | 低 | 加强激励 |
| 2 | 压力与疲劳度 | 正常范围 | 无 |
| 3 | 工作思路 | 比较符合风险管理工作 | 加强对业务工作的推动 |

## 六、管理指导建议

1. 激励建议

（1）任务高质量按期完成后给予实质性的奖励；

（2）给予其明确的权力范围，让其在权力范围内拥有自主权，对工作有主导性、掌控感；

（3）安排一些能够展示其能力的较有挑战性的任务。

2. 沟通建议

（1）直接而简明，不偏离主题，说到重点；

（2）快速切入主题，不要在细节上做过多纠缠；

（3）提醒其主动表达自己的观点与想法；

（4）多说事情的好处、价值和意义。

第十章

# 招聘替补席：人才的动态管理

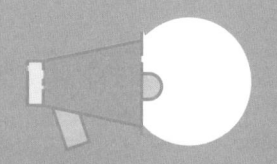

前面九章讲解了单次招聘的全部流程，但对招聘人员来说，招聘不是一次性工作，而是常年都要开展的。招聘人员做招聘要像营销人员做营销一样，第一单成交后，还要考虑第二单、第三单以及今后应该如何成交更多单。因此，招聘人员要从全年、未来两三年甚至更长时间的长期规划角度看问题，研究应该如何做安排，才能事半功倍。只有打好基础，今后的工作才能更顺利。这就是本章要讲的重点：如何打造企业招聘替补席，对人才信息库进行动态管理。

## 第一节

## 人才信息库：当下人才决定你能飞多高，未来人才决定你能飞多远

唐僧去西天取经之前，需要挑选一匹优秀的坐骑。他最后把目标锁定在同一个磨坊里拉磨的黑驴和白龙马身上。黑驴听说去西天取经要跋山涉水，历经很多磨难，便婉言谢绝；白龙马则欣然同意和唐僧去西天取经。

白龙马和唐僧师徒四人历经九九八十一难，最终修得正果，取回真经。回来后，它到磨坊看望它的老朋友黑驴。黑驴正在蒙着眼、低着头，悠然自得地转圈儿拉磨。白龙马对黑驴说："我和师父去西天取经回来了。我尽管经历磨难，险些丢掉性命，但阅尽祖国的大好河山，修成正果，取回真经。老朋友你年复一年、日复一日地做着同样的事情，虽然风不吹、日不晒、雨不淋、衣食无忧，你现在膘肥体壮，还能拉磨，但万一有一天拉不动了，你怎么办？你是否为你的未来考虑过？"

作为招聘人员，我们不妨想一下：你究竟想做一直低头拉磨的黑驴，还是想做驰骋招聘圈的白龙马？

### 营销式招聘

王静和李娟是某高校人力资源管理专业同班同学，两个人毕业后进了不同公司。

王静进了某集团人力资源部，现在是招聘人员。集团用人需求比较大，为了确保人员供给，两年来，王静一直辗转各地招聘。她尽管使出浑身解数，但一直陷入无休止的、被动的工作状态：刚完成一个下属单位的用人需求，另一个下属单位又人手告急；这边问题刚解决，还没来得及喘口气，那边又有新的用人需求。仅仅两年时间，王静已经心力交瘁，过早进入了职业倦怠期。用王静的话说，她就像一头在磨坊里机械地重复拉磨的驴，一天到晚负重前行。累倒不可怕，可怕的是，从起点出发时都不用睁眼，就看到了终点。王静就这样累并茫然着。

李娟毕业时本想找对口的工作，但未能如愿，最终就职于某生物发酵企业，从事营销支持（销售内勤）工作。在做营销支持工作期间，李娟经常和业务人员一起参与客户开发及维护工作，并在工作之余主动学习业务知识，积极参与各项工作。大约半年后，公司组织架构及岗位人员进行了调整，李娟调入人力资源部，从事招聘工作。

在负责招聘期间，李娟把自己从事营销支持、业务开发的经验心得移植到了招聘工作中。尽管公司扩张，用人压力很大，但李娟仍然把招聘工作做得有声有色，乐此不疲。

一年后，公司提出一个大胆的设想：整合招聘、培训职能，先行组建培训中心，之后建成独立运营核算、自负盈亏的行业商学院。商学院不仅承担公司内部培训工作，还对外开展培训业务。在公司内部公开竞聘中，李娟最终竞聘成功，牵头负责推进改革方案。

开展起工作，李娟和她的团队像在草原上驰骋的马，每天都做着极具挑战性的工作,一起累并快乐着。

如果你是故事里的主人公,你是想像王静一样做一头拉磨的驴,还是想像李娟一样做一匹驰骋草原的马?如果想做一匹驰骋草原的马,你该如何调整你的工作思路和方法呢?

过去,很多企业主以企业有多少现金储备、多少现金流而洋洋自得,现在才发现,企业的人才储备量才是更重要的。人才储备充足,才是企业永续经营之道。

企业要想人才储备充足,招聘工作要想高质量、高效率,就要建立好人才信息库,并对其进行动态管理。有些招聘人员对人才信息库的建立和管理不以为然,认为这些工作自己都做过,但收效甚微。其实,一件事情你做过,并不代表你能做好;一种方法你用过,并不代表你能用对、用到位。拿电商、微商来说,很多人为了做电商、微商建立了不少微信群、公众号、微博,表面上看起来有很多粉丝,但都是一些僵尸粉,没有形成互动,不会给自己的销售业绩带来多少价值。同样,有些招聘人员建立了很多文档,每次招聘时都把求职者的信息录入系统,一段时间之后看起来积累了不少人才信息数据,但当有需要,想按照记录的信息联系这些人的时候,就会发现对方的电话号码不是停机,就是更换了机主。就算联系上了本人,这个人也早已转行,不做这方面的工作了。

> 拥有多少资源不重要,有多少资源可以激活、为我们所用才重要。

· 营销式招聘 ·

  我们拥有多少资源不重要，有多少资源可以激活、为我们所用才重要。作为招聘人员，我们将一些求职者的信息做好登记与保存，这是一个很好的工作习惯，但不能止步于此，不能让这些资料成为僵尸信息，否则这项工作除了给自己徒增工作量，制造了垃圾文件，没有任何价值和意义。登记与保存信息不是目的，激活信息、盘活资源，为我们所用才是真正的目的。招聘人员要学会将这些信息分门别类地登记与保存，实行分级管理，定期与这些人员沟通与互动，掌握他们的工作动态，及时更新与维护数据，以便有需要时，这些信息能立即为我们所用，发挥它的价值。

## 第二节
## 建立人才信息库，以备不时之需

建立健全人才信息库要有完善的信息渠道，并且保持信息源的持续更新。人才信息库的信息搜集方式主要有四种。

### 1. 将收集的简历分级入库

简历分为两类：一类是求职者主动投递的，招聘人员要利用简历筛选、评估方法将简历分成 A、B、C 三级，及时将 A 级、B 级简历人选中未入职者的个人信息登记入库；另一类是在专业招聘网站上检索筛选出来的，这一类可以作为补充信息源。

招聘人员应该做到未雨绸缪，提前做好备选人员信息储备，等企业有招聘需求时，不至于把宝押在临时性招聘措施上。临时性招聘措施能吸引来大量简历，但往往招不到最合适的人选。简历检索是一个积少成多、聚沙成塔的过程。人力资源部要将定期主动检索简历作为招聘人员日常工作考核内容之一。招聘人员要根据企业组织架构，按照岗位说明书要求主动检索简历、筛选简历、对简历评估分级，为每个岗位的替补人选做好简历储备的基础工作。此外，人力资源部还要制定简历搜索工作目标，月底根据完成情况对招聘人员进行绩效考评。表 10-1 既是简历检索的绩效考核表，又是招聘人员简历检索工作的指导表格。

· 营销式招聘 ·

表 10-1　月度简历检索统计表

| 人员<br>网站 | 研发 | | 生产 | | 销售 | | 采购 | | …… |
|---|---|---|---|---|---|---|---|---|---|
| | 计划 | 实际 | 计划 | 实际 | 计划 | 实际 | 计划 | 实际 | …… |
| 智联招聘 | | | | | | | | | |
| 猎聘网 | | | | | | | | | |
| BOSS 直聘 | | | | | | | | | |
| …… | | | | | | | | | |
| 绩效评估 | 简历搜索达成率 = 计划搜索 A 级、B 级简历数 ÷ 实际完成数量 ||||||||| 

### 2. 充分发挥员工的作用，让每个员工都成为人才的"星探"

企业要建立起全员招聘机制，形成全员招聘的氛围。人力资源部要根据公司用人需求列出人员需求清单，面向全员制定人才推荐奖励制度，激励所有人积极提供人才信息。这样能很快建立起企业人才信息库，有助于提高招聘效率、增强招聘效果。

全员招聘奖励可以采取物质或经济奖励的方式，也可以采取积分奖励的方式，具体内容见附录一。

### 3. 充分发挥人脉圈、职业圈的作用，让它们源源不断地提供关键人才信息

任何专业人才都有自己的圈子和社群，这些圈子和社群中的每个成员都自带流量，背后都有一大批专业、经验、经历相似的人脉资源。招聘人员要针对企业重要岗位或者稀缺人才，寻找并加入对应的职业圈层，为进入专业人脉圈打开一扇方便之门。

职业圈层既有线上虚拟圈，也有线下实体圈。线上虚拟圈有 QQ 群、微信群、各种论坛以及豆瓣、知乎上的一些专业社群，线下实体圈有相关行业专业协会、联谊会、沙龙、俱乐部等。招聘人员要根据企业的具

体情况，寻找并加入这些圈层，积极主动地与圈内成员建立起良好的互动关系，让他们及时了解企业的发展动态、企业文化等。

招聘人员要清楚企业需要的优秀人才活跃在哪些圈层，并据此制订详细的工作计划，积极落实工作计划，实现猎取人才的目标。表10-2可以起到很好的指导和管理作用。

表10-2　在职业圈层中寻找人才时制订的工作计划

| 序号 | 岗位及专业 | 所在圈层 | 参加活动的频次与周期 | 认识人脉目标 | 与圈层的合作方式，圈层能提供的价值 |
|---|---|---|---|---|---|
|  |  |  |  |  |  |
|  |  |  |  |  |  |
|  |  |  |  |  |  |
|  |  |  |  |  |  |
|  |  |  |  |  |  |

加入职业圈层后，招聘人员要定期与圈子里的成员进行沟通与互动，编制自己的人才信息网，追踪高潜力的人才并与其建立起良好的互动关系。首先，招聘人员要定期盘点通过专业圈层掌握的各方面的专业人脉资源（每方面的专业人脉资源应不低于10人），然后通过定期沟通寻求人才信息上的支持。有时我们只是通过一个简单的问题"您认识的人中有没有在××方面比较专业，适合来我们公司的"，就可以轻松得到一些支持。我们只要坚持做下去，就能结识到很多有丰富经验的储备人才。其次，在陌生场合与别人交流，当对方问到你的工作情况时，你就可以顺势简单介绍你的公司情况，然后紧跟一句"您认识的人中有没有在××方面比较专业，适合来我们公司的"，这样就能把普通的寒暄变成物色人才的机会。

· 营销式招聘 ·

### 4. 定期进行人才信息更新与维护

很多招聘人员因为工作思路、时间及精力等，没有对行业人才分布进行精耕细作，无从知道企业所需的优秀人才在哪里。招聘人员要像猎头顾问一样开展工作，通过工作关系或私人关系掌握行业内人才分布情况，完成业内研发、营销、管理、一线技术骨干等人才信息的挖掘、收集与整理，建立起专业的人才信息库，并通过多种方式与这些专业人才建立联系，及时更新与维护人才信息库中的信息。

建立人才信息库还有一个不容忽视的渠道——在校大学生群体。有些企业担心应届毕业生稳定性差、融入性差，对薪酬的要求不低，培养后很容易流失，存在投入高（包括人力、物力、财力上的投入）、回报低、回报慢的风险。实际上，企业可以充分利用大学生群体这一渠道，最好从大学三年级时开始介入，为大学生提供实习、就业前培训机会，跟踪他们的能力和成长表现，把一些在学校就能完成的工作交给他们，然后根据结果和效果付费。根据结果和效果付费一般更直接、更有效，大学生和企业之间的双向了解会更深入、更全面；而实习和培训能让大学生对企业形成一定的认可度与忠诚度，加之累积了一定的岗位技能和经验，毕业后，他们能更快地投入工作，创造价值，实现双赢。

## 第三节

## 盘活企业人才信息库，对人才信息库进行动态管理

企业建立人才信息库后，接下来就要盘活人才信息库，对人才信息库进行动态管理。

我们在前文讲过，在市场营销中，增强客户黏性、提升客户忠诚度有一个模型公式：

客户黏性指数（客户忠诚度）= 可实施的利他行为 × 实施次数 × 持续时间

我们从营销实际工作中不难知道，为现有的客户（已成交的客户或接触到的精准潜在客户）服务好，促进二次成交和转介所付出的成本和精力要远远小于开发新的客户所付出的成本和精力，这是市场营销中颠扑不破的真理。以营销结果、业绩目标为导向，关注过程，向过程要结果，才是科学的营销方式。

同样，招聘人员在招聘工作中也要按照增强客户黏性的模型公式操作，及时与候选人互动，这样能大大降低招聘所付出的成本和精力。

招聘人员要想盘活人才信息库，对人才信息库进行动态管理，就要建立互动的长效机制，将与候选人的沟通常态化。招聘人员要根据人才特点制定出互动方法，设计交流内容，为对方提供利益价值，让储备人才在轻松、愉快的氛围中接受我们传递的信息。盘活人才信息库，对人

才信息库进行动态管理主要有两种方法。

### 1. 定期维护人才信息库

招聘人员可以每季度通过微信、短信等方式联系人才信息库里的候选人，询问他们的工作状态。比如，招聘人员可以这样发送信息："××先生（女士），您好。您是我公司重点关注的精英人才。为了与您保持良好、顺畅的交流，为将来有机会与您合作创造条件，如果您的工作单位、岗位、手机号码有所变更，烦请您将变更后的信息发给我们，以便我们及时更新。感谢您长期以来在工作上给予的支持和帮助，随时欢迎您莅临指导。期待与您合作。×× 公司人力资源部。"

### 2. 对非常优秀的人才，尤其是 A 级人才，要保持适当平衡的深度互动

深度互动不仅包括电话、微信、短信、邮件等方式的日常沟通，还包括寄送礼品，发送对方认为有价值或是对方感兴趣的资料，邀请对方参加座谈会或联谊会、主题沙龙，邀请对方来公司参观或参加公司年会等。表 10-3 是一张行业人才信息动态管理工作表，我们可以根据这张表有计划地盘活人才信息库。

表 10-3　行业人才信息动态管理工作表

| 专业类别 | 序号 | 姓名 | 基本信息 | 核心履历、经验亮点 | 所在公司 | 联系方式（手机、微信、邮箱） |
|---|---|---|---|---|---|---|
| 技术研发 |  |  |  |  |  |  |
|  |  |  |  |  |  |  |
| 生产管理 |  |  |  |  |  |  |
| 质量检验 |  |  |  |  |  |  |
| …… |  |  |  |  |  |  |

## 第四节
## 离职员工管理：买卖与人情可兼得

企业在招聘中，招聘新人固然是重中之重，对于离职员工的管理也不容忽视。人才的正常流动是不可避免的，无论对企业还是对员工个人来说，"终身员工"都是不现实的。随着市场竞争的加剧，员工的流动性已呈现出增强趋势，人力资源部不得不经常面对员工的离职问题。

在许多管理者眼里，员工离职意味着脱离了与企业的联系，不再为企业创造财富。所谓人走茶凉，离职员工理所当然从人力资源部的视野中消失，不再被企业关注。

但是，离职员工真的没有价值了吗？显然不是。他们仍然是企业的重要资源，与在职员工、外部客户同等重要，只要企业付出努力，很多离职员工都可以变成企业的拥护者、客户或商业伙伴，继续为企业创造财富。因此，企业有必要树立"一朝是员工，永远是朋友"的意识。

近年来，许多跨国公司的人力资源部出现了一个新岗位——旧雇员关系主管，专门负责与前员工的沟通工作。通过沟通，这些离职员工不仅可以继续为原公司传递市场信息、提供合作机会，还可以结合现岗位的实际经验和感受，对原公司的内部管理和运作方式提出宝贵的改进意见。通过与离职员工维系良好的关系，人力资源部能够帮助企业获得更多有价值的信息，紧跟时代发展，及时把握宝贵商机，做出合理的战略决策。

离职员工还可能成为企业产品和服务的潜在购买者。在企业工作时间较长的离职员工，对原企业大多是有感情的。如果企业与离职员工建立并保持着良好关系，离职员工可能就会成为支持和拥护原企业产品和服务的客户或商业伙伴，并且还会在言行上维护和宣扬原企业的组织形象，提高企业声誉，提升企业品牌竞争能力与社会影响力，从而继续为企业创造财富。

反之，对离职员工处理不当，会增加企业的成本。按照传播学中的250定律，即每个人都可能影响到250个人，如果企业对离职员工处理不当，离职员工就可能会传播一些企业的负面信息。因此，企业即便认为离职员工不会再对企业有什么贡献，也不应该让他们增加企业的无形成本，损害企业的社会形象。

对企业来说，离职员工同样是人力资源，如果企业不能妥善管理和利用，不仅是自己的损失，而且还会为竞争对手提供获得优势的利器。为此，人力资源部应当做好离职员工的管理工作。

离职员工管理最重要的是观念上的转变，只有把离职员工看作公司的朋友、公司的资源，他们的价值才能体现出来。人力资源部应积极推进离职员工管理工作，与离职员工建立并维持长远的良好关系，具体工作包括以下五点。

**1. 将离职员工的联系方式与其业绩档案合并保管，以便"再续前缘"时有据可查**

离职员工正式离职后，在不给其工作带来不便时，我们可以通过电话、邮件等方式将公司的新信息、新发展及时告知对方，同时重视离职员工的信息管理，通过联系及时更新他们的就职公司、职位甚至业绩信息，跟踪记录他们在新公司的发展状况，形成一个离职员工信息库。此外，我们还可以充分利用一些类似领英网这样的职业社交平台和求职网站，来及时获得离职员工的最新动态。

**2. 安排固定联系人，定期开展一些维护关系的活动**

比如，我们可以邀请离职员工参加企业年会、定期给他们寄送公司刊物等，让他们感受到原公司的关怀，产生一种归属感。这样可以让离职员工与企业之间建立起一种良性的互动关系，实现双赢。

**3. 建立回聘制度**

招聘新员工的成本比招聘老员工的成本高得多。美国《财富》杂志曾研究发现，员工离职后，企业从找新员工到新员工顺利上手，光是替换成本就高达离职员工薪酬的 1.5 倍，如果离职的是管理人员，代价更高。从成本上看，离职员工是企业再招聘的最合适人选。摩托罗拉公司非常重视离职员工的回归，并建有一套完备的回聘制度，规定如果员工离开公司 90 天以内重新回到公司，其工龄将跳过这一段离职时间，连续计算。离职员工通常比较熟悉企业的业务流程和企业文化，可以减少由于信息不对称而产生的磨合成本。此外，离职员工再回到企业，必定经过了深思熟虑，对企业会更加忠诚。

因此，企业应预先建立离职员工回聘制度，将离职员工纳入人才招聘范围。企业要设立回聘条件（比如，有适合的空缺岗位、离职前工作表现良好、离职原因合理等），明确具体的回聘要求，让离职员工知道仍然有机会回来以及在什么情况下可以回来。具体来说，企业可以限制离职员工的回聘次数与时间，比如，规定工作未满 1 年的员工离职后不得回聘；工作 1 年以上 3 年以下的员工，1 年内允许一次回聘；工作 3 年以上 10 年以下的员工有一次回聘机会，时间不限；工作 10 年以上的员工有两次回聘机会，时间不限；被开除的员工一律不得回聘。

针对有价值的离职员工，企业可建立准回聘制度，即允许员工在职业倦怠期用一个月的时间去找新工作，甚至入职新公司，如果他觉得不适合，就可以随时回来，无须再次通过面试流程。对于离职读研或出国深造的员工，企业可以重点考虑回聘。

### 4. 建立线上、线下交流机制

企业与离职员工保持交流，包括通过微信群、QQ群等保持线上互动，通过聚会、专业交流、邀请离职员工参加集体活动（如年会、拓展活动、运动会等）保持线下交流；还可以做一些企业回访，向离职员工介绍企业近期的发展、未来的战略目标，并虚心听取他们的建议。这种线上、线下的交流机制，可以为企业带来更多的信息与资源。

### 5. 做好情感维系，与离职员工建立长期的双赢合作关系

把离职员工当作客户来维护，每逢离职员工的生日、重要节假日，人力资源部以公司名义采取多种形式问候；建立离职员工推荐业务奖励制度，使离职员工和公司形成稳定的双赢合作关系。

## 第五节

## 打造人才超级替补席：招聘，远没有你想象中那么难

建立起人才信息库，对人才信息库进行动态管理之后，我们接下来就要打造人才超级替补席。一旦企业有用人需求，特别是有中高级岗位、重点人才或优秀人才的需求，有了人才超级替补席，我们就可以快速获取优秀人才。

作为招聘人员，我们要向足球教练学习。喜欢足球、经常观看足球比赛的人都了解，在足球赛场上，如果场上选手突然腿抽筋或出现伤病，无法坚持比赛，不得不离场，主教练马上就会派替补席上的选手出场，绝大多数时候都是对位换人。对于主教练来说，场上队员出现紧急情况，替补人选根本不是什么大问题，因为大多突发状况提前都有预案，并且比赛前还会针对预案进行演练。但是，对大多数企业的招聘人员而言，关键岗位出现空缺时，他们往往没有预案和资源。

在实际工作中，很多招聘人员一次又一次地犯同一个错误——直到有人离职才

> 招聘人员要像足球主教练一样，保证替补席上有足够的队员，来应对场上队员因伤病离场等突发事件，不至于在意外面前因为没有替补而影响"排兵布阵"。

-245

会招聘新人。暂且不说补充的新人能否胜任，能够匆匆地敲定人选就已经是万幸了。如果招聘人员能够按照我们所讲的，做好建立人才信息库、对人才信息库进行动态管理等工作，就可以着手打造人才超级替补席，为企业储备一大批在未来某个时间点"即插即用"的优秀人才。

当然，这些人一般都是在职状态，但因为和我们保持着良好的沟通与互动，相互尊重，对企业的情况有所了解，并且认可和接受企业，所以当我们发出用人需求时，他们或许会感兴趣。我们即便不能在用人的时候第一时间把他们招进来，至少也不会手忙脚乱。

打造人才超级替补席分为以下三个步骤。

第一步，根据储备人才的基本情况，按照不同岗位，分别筛选出条件最佳的10个人选。

第二步，与条件最佳人选进行沟通，了解其合作的意愿。按照不同岗位分别确定超级替补名单。每个岗位保留5个超级替补人选。

第三步，采取合适的方式，及时跟进超级替补人选的动态，确保一旦意外情况出现，这些人可以立即"上场"。

表10-4是打造超级替补席的工作统计表。根据不同的岗位以及每个岗位人选的意愿进行排序，意愿最强的为第一名，以此类推。每个岗位要选出有强烈意愿的5个人选，将这5个人选的基本情况记录下来。这个统计表需要动态跟进、及时更新，确保每个岗位的5个候补人选意愿的真实性和及时性，从而确保企业一旦有用人需求，可以马上启动联系工作，争取这些人的加入。

表 10-4　超级替补席工作统计表

| 岗位 | 意愿排序 | 姓名 | 基本情况 | 核心履历或经验亮点 | 所在公司 | 联系方式 |
|---|---|---|---|---|---|---|
| 技术研发 | 1 | | | | | |
| | 2 | | | | | |
| | 3 | | | | | |
| | 4 | | | | | |
| | 5 | | | | | |
| 生产管理 | 1 | | | | | |
| | 2 | | | | | |
| | 3 | | | | | |
| | 4 | | | | | |
| | 5 | | | | | |
| …… | …… | …… | …… | …… | …… | …… |

尽管当前企业的招聘人员承受着很大的任务压力，招聘工作中存在着不少问题，但我们只要能够把营销式招聘中涉及的工具与方法尽可能多地应用到实际招聘工作中，切实转换思维，把招聘当成营销来做，就能有效解决工作中常见的问题。做招聘工作如同跑 4×100 米接力赛，只要其中一个环节做得不到位，就需要在其他环节付出几倍努力，这样才能追赶补位。

给所有招聘人员端上一碗热腾腾的鸡汤：

$1+0.01=1.01$（在招聘工作中，每天精进一点点）；

$1.01^{365}=37.8$（一年后，你就能成为卓越的人才招聘官）。

· 营销式招聘 ·

1−0.01=0.99（在招聘工作中，每天缺失一点点）；

$0.99^{365}$=0.03（一年后，你就被甩出几条街）。

最后，我引用一句话与招聘人员共勉："求其上，得其中；求其中，得其下；求其下，必败。"

# 附　录

## 一、全员招聘奖励制度

为拓宽招聘渠道，激励员工积极投入招聘工作中，特制定《全员招聘奖励制度》，对推荐新员工入职的员工实施奖励。具体内容如下：

（一）适用范围

全体员工。

（二）推荐条件

1. 被推荐的新员工必须符合法定工作年龄，身体健康，作风良好，无犯罪史，符合招聘岗位要求。

2. 被推荐的新员工只能有一名推荐人（由被推荐的新员工确定一名推荐人）。

3. 如被推荐的新员工有在本公司工作的历史，必须经办公室及相关部门确认其离职性质符合被再次录用的条件后，方可录用。

4. 员工只能被推荐进公司一次，如离职后再次入职，不再与任何员工有被推荐的关系。

（三）奖励措施

1. 被推荐的新员工入职满 1 个月后，奖励推荐人 100 元。

2. 被推荐的新员工入职满 3 个月后，奖励推荐人 300 元。

（四）奖励发放办法

1. 被推荐的新员工入职时，须到办公室填报推荐人的相关情况（如姓名、所在部门及岗位等），否则，视为非推荐人员。

2.被推荐的新员工满足奖励条件后，给予推荐人的奖金以现金的形式结算。

3.被推荐的新员工在未满足奖励条件时离职，奖金不予发放。

4.被推荐的新员工入职时间从正式上岗之日计算。

## 二、全员招聘积分奖励

《全员招聘积分奖励》旨在激励全员关注并参与招聘，帮助新人融入公司、快速成长。以结果导向对推荐、培养指导职责、新人成长成绩联动激励：推荐人、面试官、训导人分工合作，共同完成人才引进、把关和训练，分别相应获得推荐积分、培训积分、成长积分的奖励，所得积分可以兑现相应的奖励。

表 10-5  全员招聘积分奖励

| 类别 | 具体积分奖励细则 |
| --- | --- |
| 介绍推荐 | 1. 老员工推荐新人来面试，奖励推荐人 20 分 |
| | 2. 老员工成功推荐新员工正式入职，奖励推荐人 50 分 |
| | 3. 新员工试用合格、转正，奖励推荐人 200 分。推荐师傅级新员工，另奖励推荐人 200 分 |
| | 4. 新员工入职满 1 年，奖励推荐人 100 分 |
| 指导培训 | 5. 指导人基础奖励 150 分（3 个月均摊，每月 50 分） |
| | 6. 指导人帮助新员工购买生活物资，奖励 10 分 |
| | 7. 指导人帮助新员工租房，奖励 10 分 |
| | 8. 指导人支持新员工学习公司规章制度并达到公司考核标准，奖励 20 分 |
| | 9. 为新员工提供技术培训，对培训者每次奖励 10～30 分，或按培训项目奖励 20～100 分 |
| | 10. 指导人关怀新员工，主动与新员工沟通，每次奖励 20 分 |

续表

| 类别 | 具体积分奖励细则 |
| --- | --- |
| 新人成长 | 11. 新员工试用期合格、转正，奖励直接上级100分。新员工成长为师傅级员工，奖励直接上级150分 |
| | 12. 新员工入职满1年，奖励直接上级100分 |
| | 13. 新员工快速掌握岗位技术，提前达到公司标准与要求，酌情奖励直接上级与指导人20～50分 |
| 新员工本人（本项指新员工在试用期内的表现） | 14. 除了原有定分，新员工完成企业文化、基本制度学习，达到公司考核标准，奖励20分 |
| | 15. 新员工快速掌握岗位技术操作流程，达到公司要求，奖励30分 |
| | 16. 新员工按期转正（含提前转正），奖励50分 |
| | 17. 新员工主动学习与付出，每次可奖励5～10分 |
| | 18. 新员工主动解决问题，每次奖励5分；最终能主动解决问题，每次奖励10～20分 |

# 参考文献

[1] 菲利普·科特勒，凯文·莱恩·凯勒.营销管理[M].汪涛，译.5版.北京：中国人民大学出版社，2012.

[2] 伯特·罗森布罗姆.营销渠道管理[M].李乃和，奚俊芳等，译.6版.北京：机械工业出版社，2003.

[3] 里克·莱兹伯斯，巴斯·齐斯特，格特·库茨特拉.品牌管理[M].李家强，译.北京：机械工业出版社，2004.

[4] 杜南·斯巴克斯.行动销售[Z].芮新国，译.科特勒咨询集团，2007.

[5] 罗杰·道森.绝对成交[M].刘祥亚，译.重庆：重庆出版社，2012.

[6] 诺瓦尔·霍金斯.销售胜经[M].刘伟，译.北京：电子工业出版社，2010.

[7] 雷蒙德·A.诺伊，约翰·R.霍伦贝克，巴里·格哈特等.人力资源管理赢得竞争优势[M].刘昕，译.5版.北京：中国人民大学出版社，2011.

[8]Susan E.Jackson，Randall S. Schuler.人力资源管理：从战略合作的角度[M].范海滨，译.8版.北京：清华大学出版社，2005.

[9] 阿德里安·伍尔德里奇.管理大师[M].熊睦铭，施轶，译.北京：中信出版社，2013.

[10] 比尔·康纳狄，拉姆·查兰.人才管理大师[M].刘勇军，朱洁，

译.北京：机械工业出版社，2012.

[11] 石田淳.管理中的行为心理学[M].包立志，译.北京：机械工业出版社，2009.

[12] 巴巴拉·明托.金字塔原理：思考、写作和解决问题的逻辑[M].王德忠，张珣，译.北京：民主与建设出版社，2002.

[13] 布兰迪·米彻尔.销售中的性格密码：瞬间识别并锁定目标客户[M].刘敬孝，李益，孙英，译.北京：人民邮电出版社，2015.

[14] 陈明.营销，其实很美很单纯[M].广州：华南理工大学出版社，2012.

[15] 安·德玛瑞斯，瓦莱丽·怀特，莱斯莉·奥尔德曼.第一印象心理学：你都不知道别人怎么看你[M].赵欣，译.北京：新世界出版社，2017.

[16] 斯科特·普劳斯.决策与判断[M].施俊琦，王星，译.北京：人民邮电出版社，2017.

[17] 李太林.绩效核能[M].北京：北京联合出版公司，2016.

[18] 贾长松.企业组织系统[M].北京：北京大学出版社，2014.

[19] 忻榕，张曼琳，张菱.五型领导者[M].北京：中信出版社，2011.

[20] 孙晨.HR精英都是Excel控：人力资源量化管理和数据分析[M].北京：中国铁道出版社，2019.

[21] 王占坡.简明定位，"薪"事不再重重[J].中国人才，2007（295）：83-84.

图书在版编目（CIP）数据

营销式招聘/王占坡,王庭圣,孙晨著.—成都：天地出版社，2023.4
ISBN 978-7-5455-7624-5

Ⅰ.①营… Ⅱ.①王…②王…③孙… Ⅲ.①招聘 Ⅳ.①F241.32

中国国家版本馆CIP数据核字（2023）第023063号

YINGXIAO SHI ZHAOPIN
### 营销式招聘

| 出品人 | 杨　政 |
|---|---|
| 作　　者 | 王占坡　王庭圣　孙　晨 |
| 责任编辑 | 霍春霞 |
| 责任校对 | 张月静 |
| 封面设计 | 今亮后声 |
| 内文排版 | 麦莫瑞 |
| 责任印制 | 王学锋 |
| 出版发行 | 天地出版社<br>（成都市锦江区三色路238号 邮政编码：610023）<br>（北京市方庄芳群园3区3号 邮政编码：100078） |
| 网　　址 | http://www.tiandiph.com |
| 电子邮箱 | tianditg@163.com |
| 经　　销 | 新华文轩出版传媒股份有限公司 |
| 印　　刷 | 北京文昌阁彩色印刷有限责任公司 |
| 版　　次 | 2023年4月第1版 |
| 印　　次 | 2023年4月第1次印刷 |
| 开　　本 | 710mm×1000mm　1/16 |
| 印　　张 | 17 |
| 字　　数 | 257千字 |
| 定　　价 | 68.00元 |
| 书　　号 | ISBN 978-7-5455-7624-5 |

**版权所有◆违者必究**

咨询电话：（028）86361282（总编室）
购书热线：（010）67693207（营销中心）

如有印装错误，请与本社联系调换。